SHODENSHA
SHINSHO

新・空き家問題

——2030年に向けての大変化

牧野知弘

祥伝社新書

はじめに――空き家問題から日本社会の未来を展望する

２０１４年に『空き家問題』（祥伝社新書）を上梓して10年が経ちました。当時はまだ空き家は、その存在と対応に関して、世の中の表舞台で議論されてはいませんでした。

しかしこの本は著者である私も驚くほど、社会の多方面から大きな反響をいただきました。それは空き家の問題が、単に家族、個人の問題として、誰も使わなくなった家をどうしよう、という領域を超え、日本社会全体の問題として捉《とら》えられ始めたことが背景にあったからでした。

不動産業界でも注目され、私の著書は一般社団法人不動産協会から不動産協会賞を授与されました。この受賞は私にとってはまったく望外の出来事でしたが、これまでひたすら家を供給することに注力してきた不動産業界が「余る家」について認識を新たにしたことは、時代の大きな変化と言えるものでした。

メディアなどでもたびたび空き家問題が取り上げられるようになって、国や自治体も対策に乗り出しました。２０１５年に施行された「空家等対策の推進に関する特別措置法（通称・空家等対策特別措置法）」は、はじめて空き家に対しての具体的な対応策を示したものとして画期的なものでしたが、空き家数はその後も増え続け、直近の総務省「令和5年住宅・土地統計調査」においても増加傾向に歯止めがかかっていません。

この背景には日本で静かに進む人口の減少、高齢化、そして人々のライフスタイルの変化があります。

相変わらず日本の都市計画、住宅政策は「量的拡大」の呪縛から抜け出すことができず、住宅業界を支えるための産業政策的観点からの税制優遇などの施策が未《いま》だに行なわれています。ところがそうして供給された多くの住宅はたった「1代限り」の家として子供や孫に引き継がれない、最近では子供や親族のいないおひとりさまが増えるにしたがって、誰にも引き継ぎようがない家が世の中にあふれる状況が見て取れます。相続をきっかけに空き家化していく今の状況に国、自治体はどのように対処すべきか、課題は山積です。

いっぽうで将来の日本を見据《みす》えると、人口減少、大量相続の発生、住宅需要の激減など国の骨格が変わる人口構成の大変化が控えています。空き家は社会の厄介者という認識から、家は上手にリフォームして大切に使い受け継いでいく、自分の住む街に愛着を持つ「街プラウド」が醸成される機運が盛り上がっています。

本書では前著から今日《こんにち》に至る空き家問題の進展を追うだけでなく、これから本番を迎える大都市圏大量相続によって確実に生じる首都圏空き家問題、不動産マーケットへの影響が２０３０年前後からそれ以降に日本社会に大きな変化を起こしていく様《さま》を展望します。どうぞおつきあいください。

２０２５年1月

牧野《まきの》知弘《ともひろ》

第1章 激増する首都圏の空き家

第2章　マンション空き住戸は大問題！

第3章　空き家になる前に――家族としての戦略

第4章 おひとりさまの空き家問題

第5章 空き家を増やさない――動き出した国と自治体

第6章 ２０３０年、首都圏の家は買いやすくなる!?

第7章

空き家をなくすために——日本の都市計画と住宅政策の根本改革

第1章

激増する首都圏の空き家

空き家900万戸の衝撃

2024年4月、総務省が住宅・土地統計調査（2023年）の結果を発表しました。この調査は5年に一度、全国の住宅や土地の状況を調査するものですが、今回の発表で全国の空き家数は900万1600戸に達していることがわかりました。前回調査（2018年）比で51万戸、6・0%の増加です。住宅総数が6504万6700戸ですので住宅総数に占める空き家の割合は13・8%、日本中の家の7軒に1軒が空き家になっていることになります。

【図表1】は、1958年調査時からの空き家数および空き家率の推移を追ったものです。1958年時点では全国の空き家数はわずか36万戸、空き家率は2%にすぎませんでした。以降65年の時が流れ、その数は何と25倍に膨《ふく》らんでいます。期間中一方的な右肩上がりです。私は仕事柄、多くの経済指標を取り扱いますが、戦後一貫して右肩上がりの傾向を示すデータは少なくなっています。この問題がいっこうに解決の目処《めど》すら立てられていない現状がうかがえます。

野村総合研究所では空き家数の将来予測を行なっていますが、2024年6月13日付のリリースでは、次回調査年にあたる2028年の空き家数は1049万戸（空き

【図表１】空き家数と空き家率の推移（全国）

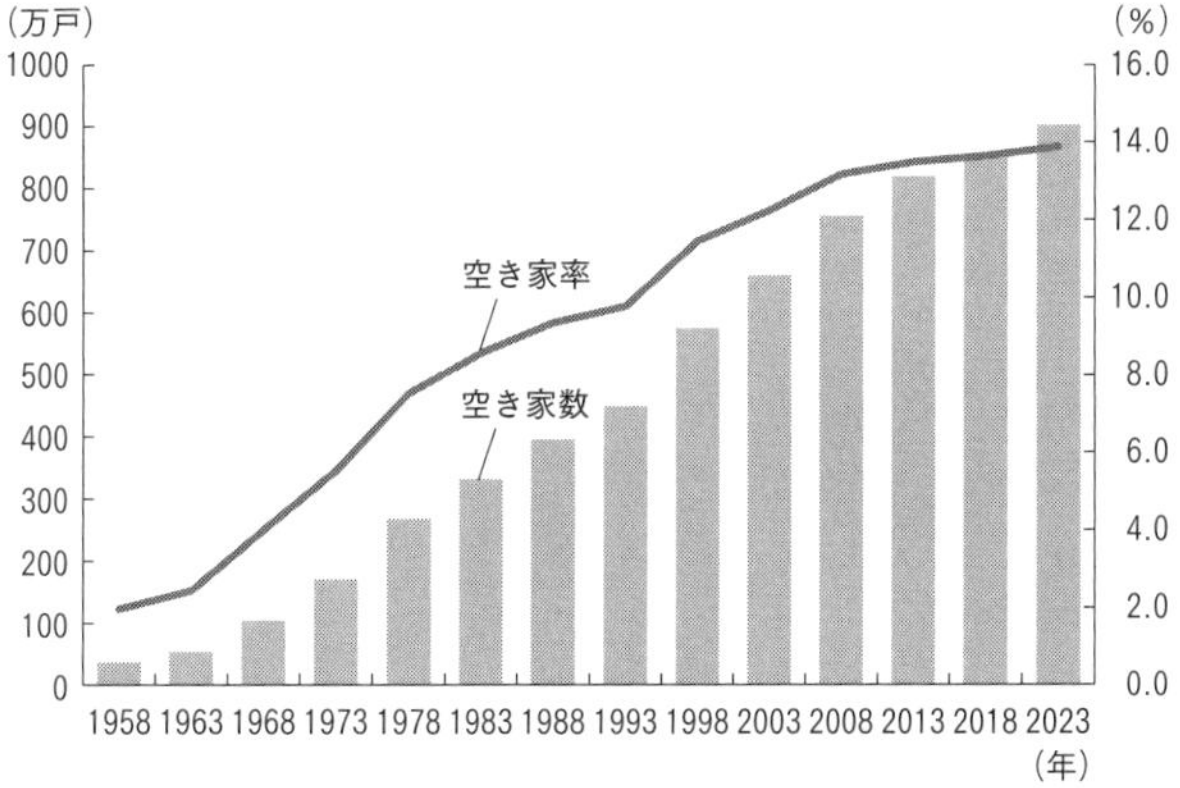

出所：総務省「令和5年住宅・土地統計調査」

家率15・5％）と１０００万戸の大台を突破。今から約20年後の２０４３年には１８６１万戸。空き家率25・3％と日本の住宅の４分の１が空き家という深刻な状況を迎えるとしています。

一口《ひとくち》に「空き家」と言ってもいろいろなタイプがあります。総務省ではこれまで空き家を①賃貸用、②売却用、③二次的、④その他に分類して集計してきました。賃貸用空き家とは、賃貸アパートや賃貸マンションの空き住戸《じゅうこ》を指します。売却用空き家とは、住宅を売却する際に空き家にして売却するケースが多いため、こうした理由で空き家になっているものをカウントしました。二次的空き家とはいわゆる別荘など副次的に利用される住宅を指します。別荘は日常において空き家状態にあるからです。また最近では2拠点居住で普段住んでいる住宅に加えてもう1軒を利用する人もいますが、こうした副次的な住宅がカウントされます。そしてその他空き家とはこの3分類にあてはまらないもの、つまりその多くは一般個人の住宅で空き家として放置されているものを指しました。

今回、総務省はこの「その他空き家」という表現を「賃貸・売却用及び二次的住宅を除く空き家」と表現を変えました。定義内容としては変わりませんが、何だかまわりくどい表現です。この分類のほとんどが個人住宅で住む者のいなくなった住宅を指しているので、本書では端的に「個人住宅空き家」と表現します。

なぜ空き家が増えるのか

さて900万戸の空き家の内訳は、どのようになっているのでしょうか。

賃貸用空き家数は443万6000戸。全体の49・3%、およそ半数が賃貸アパートや賃貸マンションの空き住戸となっています。空き家と言えばメディアなどではボロボロになった家やゴミ屋敷などの個人住宅を取り上げますが、それとは別に多くの

賃貸住宅が空き住戸になっているのです。【図表2】
住宅着工戸数は2023年で81万9600戸ですが、そのうちの約4割、34万3900戸が貸家《かしや》です。そんなに賃借需要があるのか不思議に思われるかもしれませんが、相続税対策や土地の有効利用などを目的に、今でも数多くの賃貸住宅が建設されています。賃貸アパートなどは、築年数《ちくねんすう》が新しいもののほうが商品力が高いため、古いものから空き住戸が目立つようになります。しょせん優勝劣敗のマーケットですが、需給バランスがだぶついているなかで供給だけはしっかり行なわれているのが実態です。

【図表2】空き家の内訳(全国)

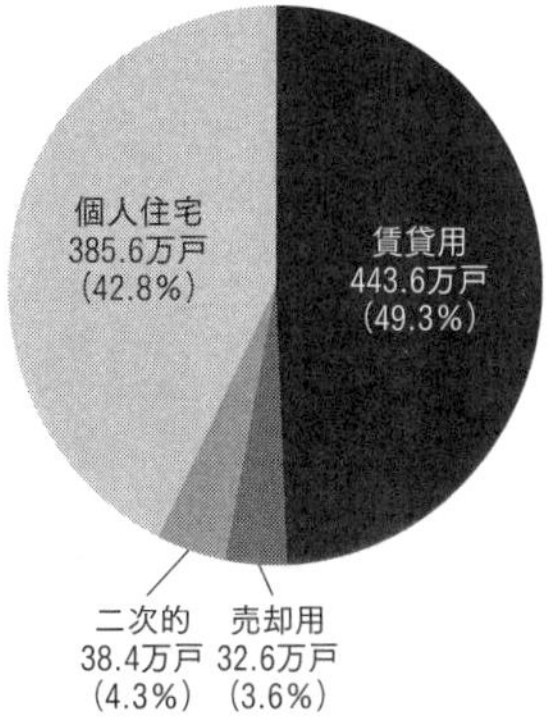

出所:総務省「令和5年住宅・土地統計調査」

背景にあるのが、相続など税務対策です。土地は更地《さらち》で所有して相続が発生すると、路線価で評価され課税対象となります。ところがアパートなどを借入金《かりいれきん》で建設し運用していれば、土地は貸家建付地《かしやたてつけち》として一定限の評価減が受けられ、建物は固定資産税評価額に対して貸家の評価減が適用されます。さらに建設にあたって調達した借入金元本《がんぽん》相当が評価額から差し引かれますので、相続税の節税につながるのです。もちろんアパート収入も期待できるので、相続人の収入にもなる。そこでアパート業者や金融機関、税理士などのすすめで、当該エリアでの需給バランスと関係なくとりあえずアパートを建設してみようということになるのです。建設開業当初は業者による賃料保証なども受けられるので、安易に建設に踏み切る事象も多く見受けられます。詳しくは後述します。

個人住宅空き家数は385万6000戸です。前回調査（2018年）から37万戸、10・6％の高い伸びを記録しました。賃貸用空き家はたまたまテナントが入居しておらず、新たに募集を行なえば空きが解消する可能性があります。ところが個人住宅空き家は、所有者自《みずか》ら居住せず、貸すことも売ることもしていない、言わば放置状態にある家を指します。

日本の人口はすでに2010年頃を境《さかい》に減少に転じています。単独世帯が増加することで住宅総数は増え続け、ファミリー世帯に空き家が増加しています。空き家率の上昇が緩《ゆる》やかなのは、こうしたライフスタイルの変化による世帯数の増加が背景にあります。ただ個人住宅空き家は増えるいっぽうで歯止めがかからない状況になってきました。個人住宅空き家は放置を続けることで、近隣や地域全体での新たな社会問題を引き起こす可能性を内包しています。

空き家はどこに多いのか

空き家はどの地域に多いのでしょうか。【図表3】【図表4】は都道府県別に見た空き家率の高いランキングおよび低いランキングを並べたものです。

ワースト5に名を連《つら》ねたのが、徳島県、和歌山県、鹿児島県、山梨県、高知県で、

【図表3】空き家率(高い)ワースト10

順位	都道府県	空き家率
1	徳島県	21.3%
2	和歌山県	21.2%
3	鹿児島県	20.5%
4	山梨県	20.4%
5	高知県	20.3%
6	長野県	20.1%
7	愛媛県	19.8%
8	山口県	19.4%
9	大分県	19.1%
10	香川県	18.6%

出所:総務省「令和5年住宅・土地統計調査」

【図表4】空き家率(低い)ベスト10

順位	都道府県	空き家率
1	埼玉県	9.3%
2	沖縄県	9.4%
3	神奈川県	9.8%
4	東京都	10.9%
5	愛知県	11.8%
6	千葉県	12.3%
6	滋賀県	12.3%
8	福岡県	12.4%
8	宮城県	12.4%
10	京都府	13.1%

出所:総務省「令和5年住宅・土地統計調査」

第6位の長野県までいずれも20％を超えています。ただし、これには多少のバイアスがかかっています。山梨県と長野県は首都圏などに暮らす人たちの別荘（二次的空き家）が多数建設されているからです。空き家数から別荘を除くと、山梨県は16・7％、長野県は15・0％に数値は下がります。

ベスト5を見てみましょう。注目すべきは、2位の沖縄県9・4％です。沖縄県は、東京都と共に人口が増加しているたった2自治体の1つです。沖縄県は2023年の都道府県別出生率ランキングでも1・60と全国首位。人口構成は若年層が多く、また観光需要もあって島外から働きに来る人も多く、空き家が少ないのです。

こうして見ると、空き家問題はやはり地方の問題だと考えがちですが、実態はまったく異なります。東京都の空き家率は10・9％と全国で4番目に少ないのですが、都内にはたったの数多くの住宅があります。

【図表5】空き家数ワースト10

順位	都道府県	空き家数
1	東京都	896,500戸
2	大阪府	701,900戸
3	神奈川県	467,100戸
4	北海道	451,900戸
5	愛知県	433,000戸
6	千葉県	394,100戸
7	兵庫県	386,900戸
8	福岡県	335,300戸
9	埼玉県	330,400戸
10	静岡県	296,300戸

出所：総務省「令和5年住宅・土地統計調査」

【図表6】個人住宅空き家率ワースト5

順位	都道府県	空き家率
1	鹿児島県	13.6%
2	高知県	12.9%
3	徳島県	12.2%
4	愛媛県	12.2%
5	和歌山県	12.1%

出所：総務省「令和5年住宅・土地統計調査」

【図表7】個人住宅空き家数ワースト5

順位	都道府県	空き家数
1	大阪府	226,900戸
2	東京都	214,200戸
3	兵庫県	172,700戸
4	北海道	163,000戸
5	千葉県	158,500戸

出所：総務省「令和5年住宅・土地統計調査」

10・9％であっても実数でカウントすれば何と89万6500戸と、全国でダントツなのです。【図表5】

　空き家数の実数ワーストランキングでは他に大阪府や神奈川県といった、多くの人口を抱えた自治体名が並びます。空き家問題は地方の問題であるばかりではなく、実は多くの都会人の住む地域においてもごく身近な問題なのです。

　もうすこし詳しく見ていきましょう。個人住宅空き家はどこに多いのでしょうか。個人住宅空き家率ワースト5を掲げたのが【図表6】です。首位は13・6％の鹿児島県。以降、高知県、徳島県、愛媛県、和歌山県が並びます。香川県を除く四国各県、和歌山県で個人住宅空き家が多いことがわかります。

　さらにこれを実数カウントするとここでも大都市圏の都道府県が並びます。【図表7】大阪府は個人住宅空き家の1位でその数は22万6900戸にもおよんでいます。

以下東京都の21万4200戸、兵庫県、北海道、千葉県といったラインナップになります。

東京や大阪は不動産価格が急激に上昇し、もうこれらの地域では家は買えないのではないかとまで言われているいっぽうで、実は首都圏や関西圏といった大都市圏こそが空き家天国なのです。たくさんの住宅があるので割合としては見落とされがちなのですが、実態は大都市圏において空き家問題はもっと論じられなければならない状況にあるのです。

個人住宅空き家激増の背景

さて、空き家はその多くが賃貸用空き家と個人住宅空き家で占められていることを確認しました。賃貸用空き家はテナントが入っていない状況を指しますので、ある意味オーナーががんばってテナントを探すことで問題は解決されます。しかし、個人住宅空き家においてはすでにその家に住む主《あるじ》がいなくなった状態にあります。個人住宅空き家は近年なぜこんなに多くなってしまったのでしょうか。

国土交通省「令和元年空き家所有者実態調査」によれば、空き家を所有することに

なった理由の約55％が相続による取得とされています。【図表8】

つまり自らの意思で取得した住宅が空き家化しているのではなく、親などが持っていた住宅を相続したものの、自らが住むことはなく、だからといって賃貸などで運用することもできず、売却もせずに放置している結果、空き家化しているというのが実情です。

【図表8】空き家になった理由

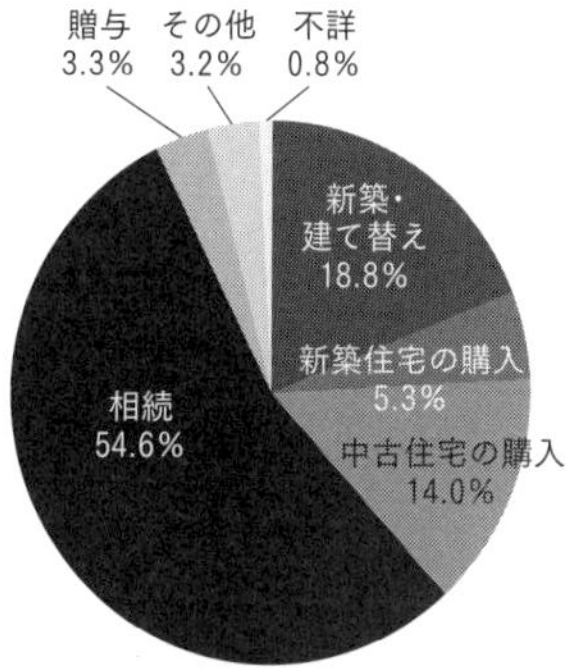

※2019年11月～2020年1月調査

出所：国土交通省「令和元年空き家所有者実態調査」

高度経済成長期から平成初期にかけて地方から東京、大阪、名古屋の三大都市圏には多くの若者が移住してきました。地方は大都市圏の人材供給基地としての役割を果たしてきたのです。彼らの多くは東京や大阪で職を得る、あるいは東京や大阪の大学や専門学校に入学、卒業をしてそのまま職を得ることで地方の実家に帰ることはありませんでした。

そして結婚をして家族を持ち、郊外のニュータウンなどに家を持つに至ります。年老いた両親を残して大都市の会社に入り、実家に戻るのは盆や暮れ、やがて実家の両親が亡くなることでもはや誰も住むことがなくなった地方の実家が相続されました。

しかし相続した実家を使わないからといっていきなり売却すれば地元から何を言われるかわからない。そもそも買う人がいない。ましてや借りる人なんているわけがない。地元には何人か知り合いは残っているので、すでに両親はいないもののたまに故郷に戻って知り合いと食事をする時のためにそのままにしておこう。自分もリタイア後に戻るかもしれない、などという不確かな理由で空き家となった実家を所有し続けてきたのです。

家は人が居住していないと急速に劣化します。特に木造家屋は定期的な通風《つうふう》をしなければ湿気の影響で腐朽《ふきゅう》が進みます。通水《つうすい》をしないでいると上下水道管の劣化が早まります。地方の実家は大都市部に比べて敷地も広いので、庭木がすぐに伸び放題になりご近所から苦情が来ます。遠隔地になると家の管理のために出向くのも、多額の費用負担をともないます。相続人である息子や娘は東京や大阪にあって今、この相続してしまった実家の空き家問題に直面しているのです。

地方に残した実家を相続等で承継《しょうけい》したものの空き家のまま放置する。処分もできず、賃貸など運用することもできず困っている息子や娘。私はこうした人たちを「空き家第1世代」と名づけています。

でも先述しましたように、個人住宅空き家の実数は首都圏や関西圏に多く、しかも急増しているのはなぜでしょうか。今、顕在化しつつある問題が、大都市圏郊外における空き家問題なのです。

戦後80年が経過しようとするなか、世代の代替わりが進んでいます。地方からやってきた世代が大都市圏郊外に夢のマイホームを取得。この郊外ニュータウンで育った世代が社会の中枢になり、親とは別に家やマンションを取得する。親が経験していた遠距離通勤を避け、なるべく都心部で通勤時間が短い家やマンションを取得する。いわゆる都心居住がトレンドになっています。

ここで問題となるのが、大都市圏郊外で起こり始めた相続です。都心居住が当たり前になるなか、相続する子供は自分が育ったニュータウンにある実家に住む理由がないのです。特に都心まで1時間以上もかかるようなエリアの住宅になると、不動産価格が高騰する現在においてもまったく流通せず、相続が起こった順に空き家化していきます。この数はじわじわと増加していて、今後首都圏の住宅事情に大きな影響をおよぼすものと考えられますが、詳細については第6章で述べていきます。地方から出てきた親世代が大都市郊外部に構えた夢のマイホームに相続が発生し、相続した息子や娘がその取り扱いに悩む。私はこの人たちのことを「空き家第2世代」と呼んでいます。

空き家問題は地方に残した親の家が空き家になって困ってしまった問題だけでなく、次の世代、すなわち東京、大阪に出てきた地方出身者が残した郊外の実家が空き家化して困る問題が加わっているのです。これからの相続人にとっては郊外ニュータウンの実家のみならず祖父母が残した地方の空き家も相続し、その対応に頭を悩ますという、世代を跨《また》いだ「世代横断空き家問題」に遭遇しているのです。

実は世田谷区は空き家天国だった

東京都は空き家率こそ全国平均の13・8%を下回る10・9%ですが、空き家数は89万6500戸と全国ダントツであることは紹介しました。東京都と言っても広いです。いったいどこに空き家がたくさん潜んでいるのでしょうか。

【図表9】【図表10】は、都内各自治体別の空き家数ワースト5および個人住宅空き家数ワースト5を並べたものです。驚くべきことにどちらも世田谷区がトップにランクされています。

世田谷区は都内でももっとも人気のある住宅地が広がるエリアです。世田谷区に家を持つことは一種のステータスともされ、資産価値も高いと評価されます。そんな世田谷区内で空き家数は5万8850戸。個人住宅空き家はそのうちの40・5%を占める2万3840戸にもおよんでいます。

ちなみに世田谷区の空き家率、は10・9%。東京都平均と同率ですが、空き家数の多さが際立《きわだ》ちます。なお個人住宅空き家の数は、東京都全体数の11・1%にあたり、これを都区部(23区)に絞ると何と15・8%に相当します。都区部の個人住宅空き家の6軒から7軒に1軒は世田

【図表9】東京都の空き家状況

順位	自治体	空き家数	空き家率
1	世田谷区	58,850戸	10.9%
2	大田区	48,880戸	10.8%
3	足立区	43,850戸	10.9%
4	板橋区	42,490戸	11.7%
5	練馬区	39,770戸	9.5%

出所:総務省「令和5年住宅・土地統計調査」

【図表10】東京都の個人住宅空き家状況

順位	自治体	空き家数	空き家率
1	世田谷区	23,840戸	4.4%
2	江戸川区	15,530戸	4.2%
3	足立区	11,070戸	2.7%
4	板橋区	10,320戸	2.8%
5	台東区	10,110戸	6.9%

出所:総務省「令和5年住宅・土地統計調査」

谷区に存在する。これが世田谷区における空き家の実態です。

同様に空き家はやはり住宅地として評価が高い大田区に4万8880戸、練馬区3万9770戸などに多く、個人住宅空き家数は江戸川区、足立区、台東区などの下町エリアにも広く分布していることもわかります。

世田谷区や大田区、練馬区も古くから住宅地として開発されてきたエリアで戦前から戦後、高度成長期にかけて都心部に通うエリートサラリーマンが家を構えました。戦前・戦中世代までの多くが鬼籍に入りつつある現在、これらのエリアで相続が多発し、相続人が放置している状況が推察されます。エリアとしては比較的売却や賃貸が容易と思われるエリアでさえ、かなりの空き家が発生しているのです。今後、相続はその後発達した東京都郊外エリアにもおよんできます。空き家数の加速が予想されるのは、「売買」「賃貸借」といった実需が今後、どれだけ確保できるかにかかっていると言えるでしょう。

こうした傾向は神奈川県横浜市でも鮮明です。【図表11】は、横浜市18区における空き家数、個人住宅空き家数を掲げたものです。東京都と同様、港南《こうなん》区、中《なか》区、神奈川《かながわ》区、鶴見《つるみ》区、港北《こうほく》区といった比較的古くから開発が行なわれたエリアで空き家数が増

【図表11】横浜市の空き家状況

	個人住宅空き家数／空き家数	個人住宅空き家率／空き家率
港南区	5,240戸／ 10,620戸	4.9%／ 9.9%
中区	5,030戸／ 10,800戸	5.5%／11.7%
神奈川区	4,210戸／ 15,120戸	2.8%／10.2%
鶴見区	4,190戸／ 14,750戸	2.6%／ 9.2%
港北区	4,050戸／ 12,060戸	2.1%／ 6.3%
旭区	3,750戸／ 11,120戸	3.1%／ 9.3%
戸塚区	3,510戸／ 11,070戸	2.6%／ 8.3%
磯子区	3,050戸／ 8,340戸	3.5%／ 9.4%
保土ケ谷区	2,900戸／ 11,460戸	2.6%／10.3%
西区	2,870戸／ 7,210戸	4.4%／11.1%
南区	2,690戸／ 12,930戸	2.2%／10.7%
都筑区	2,160戸／ 5,510戸	2.3%／ 6.0%
青葉区	1,910戸／ 8,820戸	1.3%／ 6.2%
金沢区	1,380戸／ 8,480戸	1.4%／ 8.6%
栄区	1,350戸／ 5,280戸	2.3%／ 9.0%
瀬谷区	1,260戸／ 5,130戸	2.1%／ 8.7%
緑区	1,030戸／ 7,160戸	1.2%／ 8.1%
泉区	940戸／ 2,710戸	1.4%／ 4.1%
横浜市(計)	51,500戸／168,600戸	2.7%／ 8.7%

出所:総務省「令和5年住宅・土地統計調査」

えていることがわかります。

　昭和後半から平成バブル時代頃にさかんに住宅分譲がなされた泉《いずみ》区、瀬谷《せや》区、栄《さかえ》区、金沢《かなざわ》区などは現状では空き家数、個人住宅空き家数も少ないですが、これらのエリアを選択した世代に相続が発生し始めるのはこれからです。「住みたい街」上位常連の横浜でさえ、大量の空き家予備軍があることは、これからの首都圏大量空き家問題の勃発を予感させます。

なぜ賃貸用住宅は増え続けるのか

空き家戸数900万戸の内訳で気になるのが、賃貸用空き家が約半数の443万6000戸（49・3％）を占めているという点です。個人住宅空き家は新たな社会問題として多くの国民が認識するようになりましたが、賃貸住宅がどうしてこんなに空き家天国になっているのか論じられることが少ないように思います。

特にこれが大都市圏になるほど、賃貸用空き家は深刻な問題となります。たとえば東京都の空き家は89万6500戸（2023年）ですが、そのうち賃貸用空き家は62万9000戸。何と東京都では空き家の7割が賃貸用の空き家です。20年前は46万戸でしたからこの間に17万戸、37％も増加したことになります。

空き家が急増しているにもかかわらず、都内の住宅新設着工戸数は2023年で12万8000戸、うち貸家は7万戸、新設住宅の半数以上が賃貸住宅の着工ということになります。20年前の住宅着工戸数は15万7000戸でしたから、18％しか減少していないことになります。東京都の空き家数が同期間で37％伸びていることを考えると、貸家ばかり造ることはいたずらに空き住戸数を膨らまし続けているように見えます。

空き住戸が増えているのに賃貸アパートなどの賃貸用住宅を建設する理由は何でしょうか。当たり前ですがアパートを建設する需要があるからです。都市部に広い土地を持っていると、固定資産税等の負担は馬鹿になりません。さらに相続にあたって多額の相続税を負担することとなり、状況によっては大事な土地を手放さざるを得なくなります。

そこで空《あ》いている土地に賃貸マンションやアパートを建設しようという動機が生まれます。更地で相続するよりも賃貸用資産にしていれば、相続評価額を圧縮できるからです。なおかつ建設代金を借入金で賄《まかな》えば、元本部分を評価額から控除もできるので、「とりあえず」賃貸マンションやアパートにしておこうというわけです。

ただ地主《じぬし》の多くは賃貸経営の素人《しろうと》です。とにかく戸数を稼ぎたいアパート業者、多額の融資が実行できる銀行員、相続税をなるべく少なくすることが実績にもなる税理士が、節税手法としていかに有効であるかを説きます。

本当に大丈夫かとの問いには、アパート業者が一定期間入居保証などを約束しますので、オープンから10年程度は安泰に映ります。

ところがちゃんとした需要予測をしないで建設してしまうと、周囲には同様に節税対策をしたいオーナーが次々にアパートを建設します。はじめのうちは建物も設備も新しくて入居は順調だったものが、7、8年も経過すると近隣に建設された真新しい賃貸マンションにテナントが移ります。やがて保証期間である10年が経過する頃には入居率はぐっと下がっています。

新たに保証をアパート業者に求めても、業者が指定する工事業者によって指示通りのリニューアルを実施しない限り、保証を継続してくれません。そしてその金額は法外に高いものだったりします。新たに提示される保証額も新築時よりも大幅に下がります。

もともと限られた需要のなかで開業したアパートは結局テナントの奪い合い。空き住戸も加速度的に増えていきます。

賃貸用住宅は一般的に築年数が経過するにしたがって賃料は下落すると言われるのは、需給バランスなどはいっさいおかまいなしの業者と、目の前の節税だけに関心がある土地オーナーが後《あと》を絶《た》たないからなのです。

不動産投資ブームに群がる人たち

最近では土地オーナー以外にも多くの人が不動産投資市場に参画しています。富裕層を中心に東京や大阪ではマンション投資が活発です。またビジネスパーソンの間でも不動産市場の好調を見越して、多額のローンを組んで１棟売りアパートに投資、賃貸運用することが流行しています。

東京や大阪のタワーマンション（タワマン）などに投資する層は、外国人と考えがちですが、地方の富裕層も積極的に購入しています。節税対策になるのと同時にマンションの値上がり期待も購入理由となっています。戦後80年が経過するなかで地方でも一《ひと》財産を成した富裕層が形成されています。彼らのなかには東京に出かけた時の滞在用に買う人もいれば、値上がり益を見越して5年くらい賃貸で運用しておこうなどさまざまな動機があります。ただ投資額に対して十分な利回りを得るには現在のマンション価格は高すぎると言わざるを得ません。結果として空き住戸のまま放置される住戸が増えています。もちろん外国人投資家が買うマンション住戸も賃貸に出さなければ基本的には空き住戸（二次的空き家）にカウントされます。

ビジネスパーソンなどの不動産投資も活発ですが、ただムードに流されて不勉強のまま多額の投資を行なう事例が後を絶ちません。数年前の、シェアハウスに投資してまったく利回りを確保できないばかりか業者が倒産するという「かぼちゃの馬車」事件はあまりに有名です。業者や不正融資に手を染めた金融機関は問題ですが、投資する側の中堅ビジネスパーソンの方々の投資リテラシーのなさは驚くべきレベルのものでした。

これからの日本は大都市部に限らず、全国で大量の賃貸用空き家が発生し続けることが懸念されます。さらに懸念されるのがそうした空き住戸が増えることでスラム化が進むことです。これまでの日本では考えられなかった街の光景が現実のものになる日も近いのかもしれません。

人の新陳代謝が進まない街で空き家化が進行

不動産を長く取り扱ってきた経験上の話ですが、不動産価値を保ち続けるエリアには1つ、大きな特徴があります。人の出入《ではい》りが活発なエリアでは地価が上昇傾向にあるということです。

理由は明快です。人の出入りが激しいということは、不動産がよく動くからです。

他所《よそ》から転入してくる人は、必ず家を探します。借りる、あるいは買うという行為が発生します。他所へと転出する人が多いということは、空いた家がマーケットに常に供給されるということです。つまり貸す、売るといった行為が発生します。

一方的に転入者が多ければもちろん不動産価格は上昇します。でも供給には限りがあります。かつて郊外で多くのニュータウンが誕生しましたが、転入に一段落がついたあとは転出者ばかりとなり、オールドタウン化が急速に進んだことはよく知られたところです。

常にエリア内人口の一定の割合が入れ替わることで不動産が動きます。転入者は家を調達するだけでなく、家具をそろえ、近所の様子を探りに出かけ、飲食店や物販店を物色します。エリア内の商業が活発になります。お店の人も常に新しい人たちがやってくると流行に敏感になります。客の多さに気づいた他所のエリアからお店が新たに進出します。空き家は少なく、地価は上昇するのです。

私はこの動きを「人の新陳代謝《しんちんたいしゃ》」と名づけています。人の出入りが多い、つまりエリアの人が常に一定数入れ替わることが空き家の発生を防ぎ、不動産価値を維持、向上させるのです。

こうした視点で各エリアの人の動きと空き家の状況を紐《ひも》づけしてみるとおもしろいことがわかります。各自治体の人の出入り、つまり毎年の転入者と転出者の合計を「新陳代謝数」とし、期初における総人口の何%が入れ替わったかを「新陳代謝率」（以下、代謝率）としました。そしてこの代謝率と空き家率の関係を分析したのが【図表12】です。

東京都を含む首都圏1都3県でこの代謝率と地価上昇の関係には明確な相関があり、代謝率10%を超えている、つまり年間で人口の1割が入れ替わるエリアで地価は上昇することがわかりました。この理屈で言えば、代謝率の低いところでは空き家が増えているはずです。

東京都の平均代謝率は12・7%ですが、【図表12】にあるように八王子《はちおうじ》市は8・0%、あきる野《の》市や青梅《おうめ》市になると6・9%と人の出入り（代謝）が少ないことがうかがえます。こうしたエリアでは当然空き家率も高い数値が計上されます。東京都の空き家率は10・9%ですが、【図表12】で掲げ

空き家率	個人住宅空き家率
11.8%	2.4%
10.9%	2.7%
10.2%	3.2%
11.1%	2.6%
9.2%	2.4%
11.7%	4.6%
10.9%	4.3%
10.9%	2.6%

京都「東京都の人口」よりオラガ総研作成

【図表12】人口移動と空き家の関係(東京都)

	人口	新陳代謝数	新陳代謝率	空き家数
葛飾区	46.4万人	51,285人	11.0%	29,420戸
足立区	69.0万人	73,006人	10.6%	43,850戸
東久留米市	11.7万人	9,478人	8.1%	5,810戸
八王子市	56.2万人	45,213人	8.0%	33,650戸
武蔵村山市	7.1万人	5,514人	7.7%	3,070戸
青梅市	13.0万人	9,037人	6.9%	7,520戸
あきる野市	8.0万人	5,467人	6.9%	3,950戸
⋮				
東京都(計)	1384.2万人	1,758,577人	12.7%	896,500戸

※新陳代謝数＝転入者＋転出者
　新陳代謝率＝新陳代謝数／総人口

出所:総務省「令和5年住宅・土地統計調査」、東

た自治体の多くが東京都平均を上回る空き家率になっています。またこれを個人住宅空き家率で比較しても、東京都平均２・６％を上回る自治体が目立ちます。

都区内でも足立区や葛飾区は代謝率ではかろうじて10％を超えて人口が増加しているものの、23区内順位は低い状況です。

人の出入りが少なくなる、代謝率が落ちると高齢化にともなって人口が減少し、新たに転入する人が減ることで、エリア内の住宅が空き家化していくのです。東京都内ですらすでにエリア間に格差が生じ始めています。空き家はすでに日本の首都でも深刻な問題となることを、これらのデータは雄弁に物語っているのです。

東京都の空き家の話をしましたが、都内には戸

建て住宅のみならずマンションも多数存在します。マンションには空き住戸は少ないのでしょうか。実はマンション空き住戸は大量に存在します。次章でその実態を見てまいりましょう。

第2章

マンション空き住戸は大問題！

空き家の半分以上はマンション空き住戸

空き家と言うと、一戸建て住宅を思い浮かべる人が大半だと思います。メディアなどに登場する誰も住まなくなった空き家、ゴミ屋敷化した家は、悪い意味で「映《ば》える」対象です。また周辺環境に悪影響をおよぼす、治安悪化につながる、地震や台風など自然災害時には避難路を塞《ふさ》ぐなどさまざまな問題を引き起こす元凶としてしばしば取り上げられてきました。

そのいっぽうで、マンションなどに代表される共同住宅内で今、空き住戸が急激に増加しています。総務省「令和5年住宅・土地統計調査」によれば、全国の空き家のうち、共同住宅の空き住戸数は502万9000戸。何と全体の56・1%、半分以上が共同住宅の空き住戸です。この数値を見る限り、どうやら空き家問題は戸建て住宅ばかりを対象に考えてはいけないことがわかります。【図表13】

共同住宅と言ってもいろいろな構造形態のものがあります。このうちマンションに多い鉄骨鉄筋コンクリート造（SRC造）、鉄筋コンクリート造（RC造）および軽量鉄骨アパートやタワマンなどの構造に該当する鉄骨造（S造）の共同住宅空き住戸数をカウントすると、その数は403万6000戸になります。

ただこの数値のなかには多くの賃貸住宅が含まれています。そこで軽量鉄骨アパートなどは賃貸アパートのケースが多いため、これらを除いた個人住宅空き家でカウントすると、ＳＲＣ造・ＲＣ造およびＳ造の個人所有共同住宅の空き住戸は70万７０００戸になります。この数値がおおむねマンションの空き住戸であると考えてよいでしょう。【図表14】

【図表13】空き家の形態(全国)

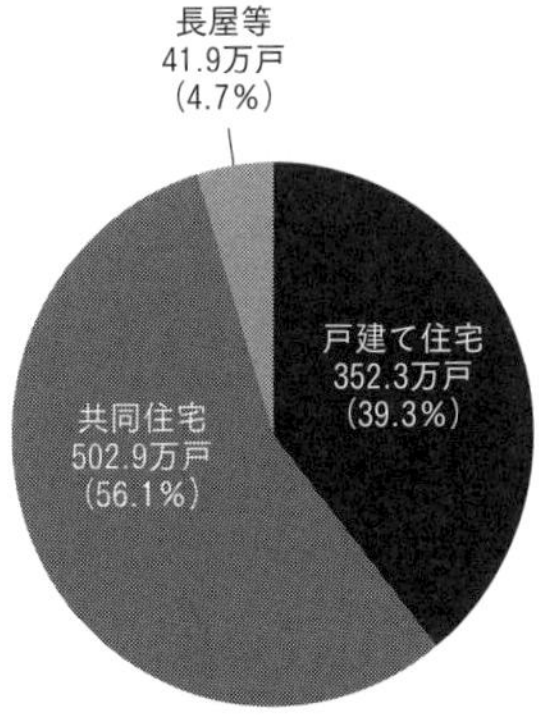

出所:総務省「令和5年住宅・土地統計調査」

【図表14】共同住宅の空き住戸数

構造	空き家数	形態	
		賃貸用	個人住宅
SRC造、RC造	319.0万戸	239.4万戸	58.8万戸
S造	84.6万戸	71.4万戸	11.9万戸
計	403.6万戸	310.8万戸	70.7万戸

出所:総務省「令和5年住宅・土地統計調査」

国土交通省の調べでは２０２２年末におけるマンションストック数は６９４万３０００戸。何とマンション空き住戸率は10・２％にも達しているのです。

マンションは戸建て住宅と異なり、一目《ひとめ》で空いているかどうかを判断できません。郵便受けが郵便物やチラシであふれてしまう、あるいは管理費や修繕積立金の滞納などによってその状況がわかるものですが、はたから見て気づきにくいがゆえにいろいろな問題を内包しています。

マンション空き住戸は何が問題なのか

空き家問題の多くが家の老朽化、腐朽化です。木造住宅が多い日本では家に湿気がこもることでカビが増殖、木材が腐朽しやすくなります。屋根も瓦《かわら》がずれる、スレート葺《ぶ》きでも老朽化によってヒビが入り、雨漏りにつながります。外壁は蔦《つた》などが絡《から》み、腐食が進行します。

木造住宅は壁や建具《たてぐ》の隙間から昆虫などが侵入しやすく、家のなかで繁殖することで内部の腐朽も進みます。地面から上る湿気は床材を傷《いた》めます。

まったく人が住まず、通風や通水などを行なわないでいると、木造住宅の多くは2年ほどで人が住める状態ではなくなってしまいます。2年以上放置されるともはや大がかりな修繕や建替えをしないと使いものにならなくなるのです。

いっぽう鉄筋コンクリートで覆《おお》われたマンションは建物自体の劣化がしにくいと一

般的には考えられています。確かに外観からは空き住戸であるかどうかはほとんどわかりません。ベランダに植物の鉢でもたくさん置いてあれば、それが枯れて景観が悪化する、育ちすぎて隣戸《りんこ》に侵入するなどが考えられますが稀《まれ》なケースでしょう。共用部とつながるのは廊下に面した扉および廊下側の窓くらいです。通行にあたって支障にでもならない限り、特に問題になることもありません。

もともとマンションは住民同士の交流は少なく、むしろ近隣との煩《わずら》わしいつきあいを嫌って、マンション生活を選択する住民が多い傾向があります。したがって隣の家が空き住戸であろうがどうだろうが「関係ない」と考えがちです。

しかし、問題はそう簡単なものではありません。マンションが共同住宅であることを思い起こしてみてください。

まずマンションは一体の建物に多くの住戸が連結されています。住戸同士は鉄筋コンクリートの壁またはボードで仕切られていますが、各種配管はつながっています。

たとえば、排水管のバキューム清掃。築年数が進むとどうしても配管に詰まりが発生しやすくなります。そこで全住戸一斉《いっせい》にバキュームすることで排水の流れをよくするのですが、空き住戸の所有者が協力してくれないと、その住戸部分のバキュームが完了しません。結果としてマンション内の排水管全体の流れをよくする目的が達せないこととなります。

防災面で重要なのは火災報知器など消防設備の点検です。法定で年に1回の実施が義務づけられていますが、所有者不在が続くと適切な点検ができません。万が一、空き住戸内などで火災が発生しても消火設備が作動しないと、被害が大きくなってしまいます。

また長い間、空き住戸のまま放置していることで、水道蛇口《じゃぐち》やパイプの劣化などが起こり、水漏れなどが発生して階下《かいか》住戸へ漏水する、ベランダに鳩などが巣を作り、フンや羽根が散乱するなどの環境悪化を引き起こします。さらにベランダに荷物を放置しているような場合には、非常時の避難路としてのマンションベランダの避難用ハッチを塞いでしまうなど防災面でも大きな影響をおよぼします。

空き住戸状態のまま放置している所有者のなかには、管理費や修繕積立金の滞納を繰り返している者も多いです。マンション内に空き住戸が増えると十分な管理費用が得られず、マンション管理会社との契約に支障を来《きた》す、修繕積立金の積み立て不足は必要な時期に適切な工事が行なえなくなるなど、マンション全体の資産価値の維持、

【図表15】マンション戸数の推移

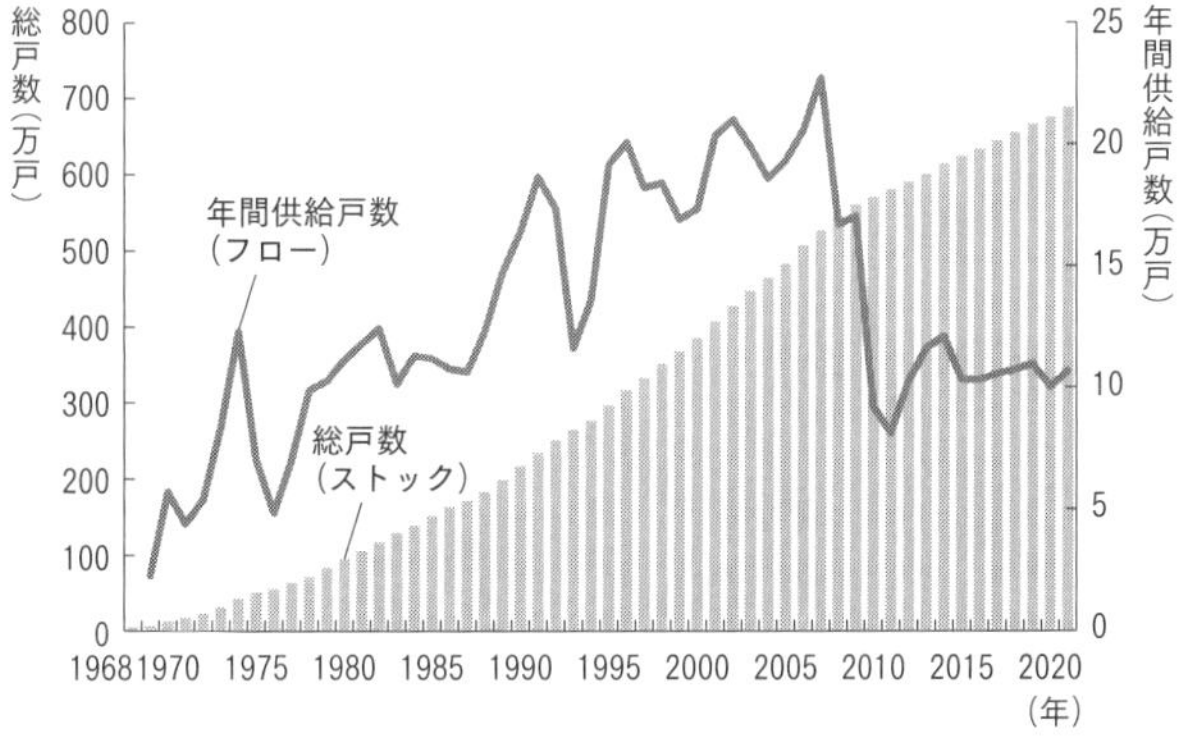

出所：国土交通省「令和5年度マンション総合調査」

向上に大きな制約を与えてしまいます。

このようにマンションは共同住宅であるがゆえに、自分がしっかりしていても、同じマンションに住む他人の身勝手な行動に翻弄《ほんろう》される住宅でもあるのです。そうした意味では所有者自身で対策を講じることができる戸建て住宅の空き家よりも、実は厄介な存在なのです。

なぜ空き住戸になるのか

マンションという住宅形態が世の中に登場してから約60年の時が経過しました。マンションはストック数約700万戸というごく一般的な住宅形態となっています。【図表15】

国土交通省「令和5年度マンション総合調

【図表16】築40年以上のマンション戸数

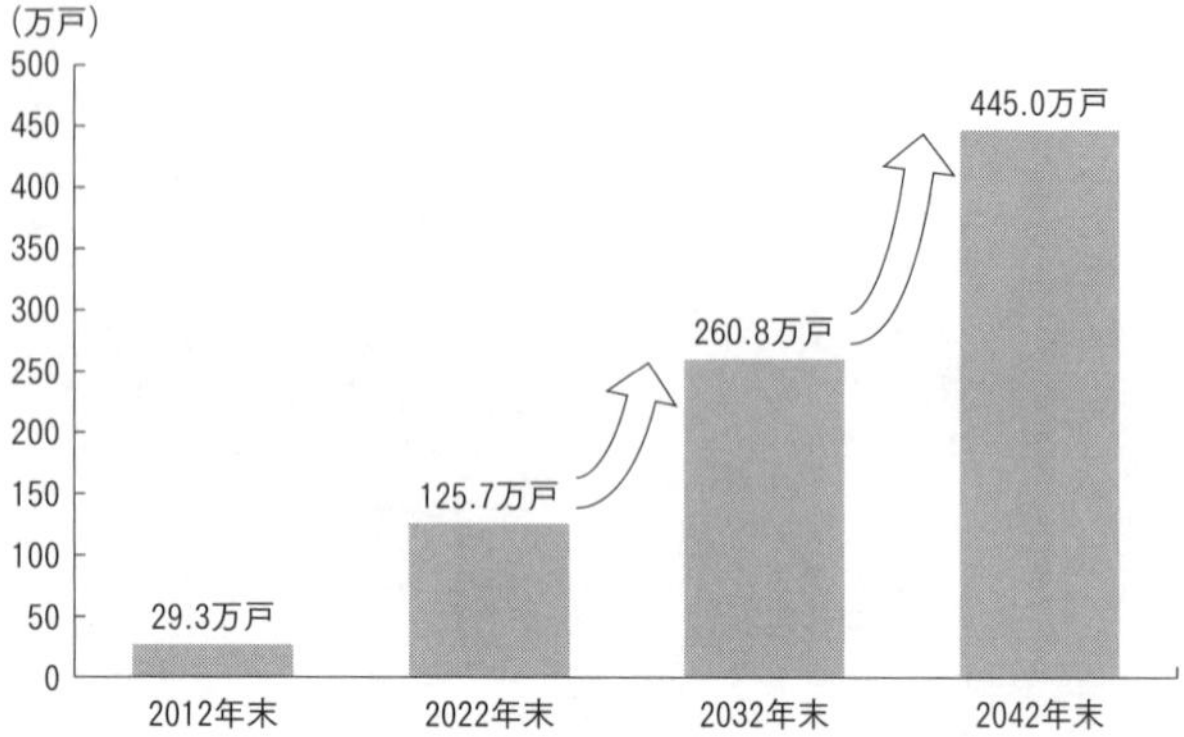

出所：国土交通省「令和5年度マンション総合調査」

査」によれば、２０２２年末現在で築40年以上のマンションは１２５万７０００戸もあります。そしてその戸数は当たり前ですが年を経《へ》るごとに増加していき、10年後の２０３２年末には２６０万８０００戸、２０４２年末には４４５万戸に膨らんでいきます。【図表16】

築40年以上ともなれば、分譲時点で30代から40代だった所有者はそのまま暮らしていれば70代から80代になっています。家族がいても子供の多くは独立。夫婦のうちの片方が亡くなる、あるいは高齢者施設等に入居するなどの高齢者単独世帯も増えてきます。同じく「令和５年度マンション総合調査」によれば、マンション世帯主の高齢化は急速に進んでい

【図表17】マンション所有者の年齢分布

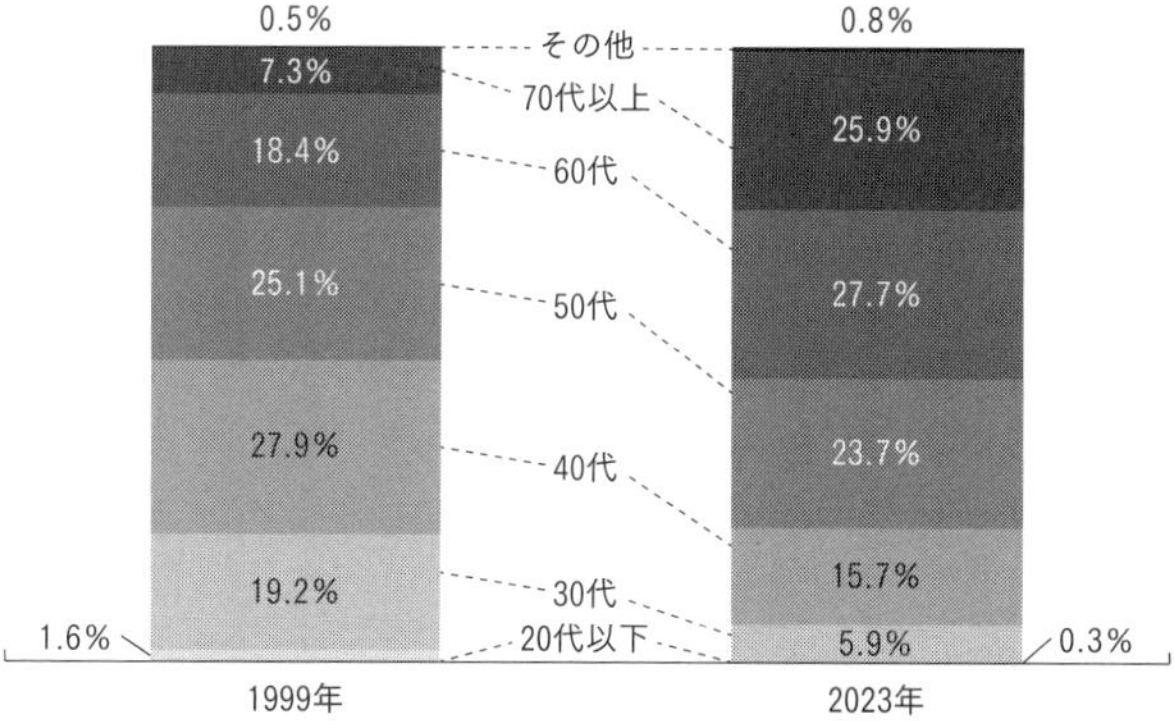

出所：国土交通省「令和5年度マンション総合調査」

て2023年で世帯主が70代以上の住戸数は25・9%にも達しています。【図表17】

こうした住戸ではあと10年もすれば、残った親も高齢者施設等に入居する、あるいは相続が発生することによって空き住戸化するのです。実はマンションには大量の空き住戸予備軍が内在しているのです。

なぜマンションは世帯主が亡くなったあとに空き住戸化しやすいのでしょうか。相続などで引き継いだマンションが空き住戸化することに相続人があまり関心を持たないことが原因です。

戸建て住宅であれば、庭の管理、通風、通水などでちょくちょく顔を出さなければ、近所からクレームが来る。見た目からも管理していないことがわかってしまうなど、防犯面も心配。近隣への体裁《ていさい》も含め、相続人は一定の気配りをします。ところがマンションであれば、鍵をかけておけば、内部を誰かに覗《のぞ》かれることがない、通風や通水をしていなくても、室内が急速に劣化もしないのでは、と考え、放置しがちとなります。溜《た》まりがちになる郵便物も、エントランスにある郵便受けにテープでも貼れば、手間をかけずにすんでしまいます。

つまり気楽に放置できると思われがちなのがマンションなのです。自分が掃除をしなくても共用部の清掃は管理人がやってくれる。防犯もエントランスにあるオートロックでしっかりと施《ほどこ》されているので問題なし。放置状態でも特に誰から文句を言われることもない。こんなお気楽な発想からマンション空き住戸が大量発生しているのです。

管理不全マンションの実態

空き住戸は放置しておいてもマンションは勝手に管理してもらえるので安心などと思ってはいけません。空き住戸が増えるマンションには特徴があるのです。

まず築年数が古く、建物や設備の修繕が適切に施されていないマンションに空き住戸が多い傾向があります。これは鶏《にわとり》と卵（鶏が先か卵が先か）のような関係で、古くて管理の悪いマンションほど人が逃げていきます。空き住戸が多く住民が少ないマンションほど、誰も建物管理や修繕にも興味を示さないので、「建っていればいいじゃん」的な感覚になりがちなのです。

管理状態の悪いマンションは、人気がありません。つまり売ろうにも、貸そうにも管理の悪さが思い切り足を引っ張ります。こうした状況に陥《おちい》ってしまったマンションは資産価値を取り戻すことができません。建物や設備は年数が経過するにしたがってさらに老朽化が進みます。そんなマンションにあらためて住もうとする人は少なく、空き住戸の放置状態が続くことになります。

また古くからの住人の多くで高齢化が進行します。最近はマンション住戸内での孤独死が激増しています。内閣府「令和6年版高齢社会白書」によれば、東京23区内における1人暮らしで65歳以上の人の自宅での死亡数は2022年で4868人。この数は10年前の2012年で2733人でしたので、何と1・78倍に増加しています。このうち何人がマンションの自宅内での出来事であるかはわかりませんが、マンション管理会社では、こうした孤独死は珍しいことではなく、死亡後に空き住戸化する事例も目立つと言います。

住戸内での孤独死については、これまで該当住戸を売却する際に、不動産売買取引で定められる重要事項説明書にその事実を記載する必要がありましたが、あまりに事例が増えたため、現在は記載事項から外《はず》されています。それでも相続人がリフォームなどを施して売却活動を行なえばよいですが、孤独死の場合は相続人がいない、相続人と不仲であるなど、相続人が空き住戸化したマンションに興味を示さないケースがほとんどです。

実務的にはローンなど残債がある場合には金融機関が差し押さえて売却して債権回収を行ないますので、金融機関任せでもかまいません。しかしローンなどがなく、相続人全員が相続放棄した場合には、管理組合が相続財産清算人の選任を家庭裁判所に申し立て売却活動を行ないますが、売却できない、売却できても清算人への報酬分の金額を回収できないなどの事例が増えています。

築年数が古いマンションでは管理組合役員の高齢化により、役員のなり手がいない、新しい問題に対処できないなど、組合としての対応に限界が生じ始めています。孤独死住戸の処分や空き住戸の管理などに労力を費やす動機も少なく、マンション管理はますます不十分なものになっていくのです。

外国人所有マンションの空き住戸化

最近は都心部のタワマンなど超高額マンションの買い手に外国人の姿が目につきます。世界的な好景気とインフレで物価が上がり、たとえば中国の上海《シャンハイ》や北京《ペキン》では、一般庶民が買い求めるマンションは戸あたり3億円から4億円が当たり前と言われています。

そんな彼らが日本にやってきて驚くのが物価の安さ。とりわけマンションはタワマンなどが、中国で言う「一般庶民価格」で購入できます。これはもうパラダイスということで、現金でポンと買う人が続出しているのです。日本では長期間にわたって大規模金融緩和が行なわれ、世の中ではほぼ金利のない世界が続いてきました。その副産物として円安を誘発。外国人から見た日本の物価は破壊的な安さに映っているのです。1ドルが70円台だった頃の日本人が海外旅行をすると何でも安く思えたのと逆バージョンになっているのです。

さてこうして安いから「ついでに」買ってしまった彼らですが、買った当初の動機を聞くと、日本に旅行などでやってきた時の「宿代わり」というものがほとんどでした。

まだ多くの日本人は気がついていませんが、今日本にやってくる外国人のうち、東アジア4カ国・地域（中国、韓国、台湾、香港《ホンコン》）からの観光客には「ニッポンはじめて！」という人はほとんどいません。２０１９年の観光庁の調査では、香港から日本にやってくる人のうち58・0％が来日は2回から9回、10回以上来日している人は何と29・7％もいます。日本にやってくる香港人の約9割がリピーターということになります。彼らから見て日本への旅行は今やまるで国内旅行のようなものなのです。

だからいちいちホテルを予約するよりも、活動拠点としてマンションを買っておこうとしたわけです。

しかし、私たちが国内に別荘を持っても、はじめのうちは頻々《ひんぴん》に利用してもそのうち飽《あ》きて、行く回数が減るのと同じ。彼らも毎月のように行くわけではないので、こうした住戸が利用回数の減少と共に、ほぼ空き住戸化していきます。

私もある香港人が所有している港区高輪《たかなわ》にあるタワマンの運用をお願いされ、現場を見学したことがあります。専有面積約１００㎡の２ＬＤＫなので中は広々。でも部屋には生活感がまったくありません。住んでいないからです。リビングにはソファとテーブルがある程度。寝室はキングサイズのベッドが設《しつら》えてありますが、クローゼットはガラガラです。ベッドの上にはポツンとブランド物のバッグが放置したままの状態です。

管理、運用している在日中国人によれば、購入当初は頻々に利用したが、ここ2年はまったく利用されていないと言います。賃貸も考えているのですが、希望賃料が月額１００万円。購入金額が2億円だったので、利回り6％を考えているのでしょうが、このマンションをそもそも月額１００万円で借りてくれる日本人は存在しません。仕方がないので放置しているとのことでした。家賃を60万円くらいに下げれば可能性があると申し上げましたが、運用担当者は首を振って嘆息するばかり。

また売却も検討しているが、このクラスになると日本人の買い手も少なく、中国でも日本で買った超高額マンションがエグジット（売却）できない、という噂が蔓延《まんえん》し始めていて買い意欲が急速に萎《しぼ》んでいるとのことでした。当面空き住戸として放置することになるだろうと運用担当者は顔をしかめていました。

こうした住戸は一部がインバウンド客に民泊として提供される、日本で暮らす同朋にしばらく賃貸するようなケースもあり、マンション管理規約を守らないなどのトラブルが生じています。

ただでさえ言葉の違いから意思疎通が難しく、管理ルールの解釈にも齟齬《そご》が多い外国人所有者が、「飽きて」放置する状況はマンション全体の環境の悪化を招いているのです。

管理費、修繕積立金という負債

自分が所有しているマンションに興味がなくなると、気になってくるのが毎月請求される管理費と修繕積立金です。自分が利用していようがいまいが、この費用は着実に請求されます。

特に生活習慣の異なる外国人所有者には修繕積立金の概念はわかりづらいようです。マンションで共用部を中心に修繕が必要であることは承知していても、なぜそのために毎月積み立てを行なわなければならないのかに疑問が湧《わ》くのです。

日本人は子供の頃から、修学旅行に出かけるのに毎月積み立てをする、など比較的なじみのある手法なので当たり前のように受け入れますが、そうした習慣がない外国人からは不評です。彼ら曰《いわ》く「修繕する時に払えばよいではないか。その時にまとめて請求せよ」というのが理屈です。

さらに彼らに不評なのは、積み立てた積立金が、所有していた住戸を売却した時に自分の手元には戻らないということです。次に所有する人のために積み立てていたようなもので、この積立金の継承にも異論続出です。特に投資として買っている外国人には、しょせん3年から5年でエグジットしようとしているのに、その間の積立金は単なるキャッシュの流出と捉えるのです。

今後懸念されるのは、使わなくなった日本のマンションで毎月の管理費や修繕積立金を支払わなくなる外国人所有者が増えることです。マンション自体に関心がなくなると、関連するコストを負担することに嫌気《いやけ》が差します。日本に住んでいるわけでもないので、やがて支払いをストップする。管理組合としても請求先が外国。督促にも限界があります。未収分は積み上がるいっぽうです。

外国人ばかりではありません。古くなった親のマンションの相続人たちも同様です。マンションもすでに60年の歴史があります。マンションで育った子供も多くいます。今、その親からの相続が発生して、子供が引き継ぐケースが増えています。ところが子供たちもすでに自分でマンションを所有しているケースが多く、郊外にある親の古びたマンションにはあまり関心がありません。

都心部などにあって賃貸需要がある、売却すれば相応の値段で売れるマンションならば資産として相続することは「是《ぜ》」ですが、そうでないマンションはなかなかに厄介者です。

相続すると毎月、管理費と修繕積立金が請求されるからです。一戸建ての家であれば、時折、通風や通水、メンテナンスが必要なのはそれなりに大変ですが、管理費用を請求されることはありません。ところがマンションは放置できても、管理費、修繕積立金の呪縛から解放されません。築古《ちくふる》のマンションだとすでに修繕積立金の額が何回も値上げされていて月額3万円や4万円になっているケースもあります。管理費と合わせて5万円程度の負担を請求される形となります。固定資産税や都市計画税も加えると、何の使い道もない、親から引き継いだマンションを所有し続けるのに年間で数十万円。あまりに重たい負担ではないでしょうか。

こうした背景のもと、今マンション管理業界を悩ませているのが、親の住戸を相続した相続人が相続の事実を管理組合に届け出ないことです。老健《ろうけん》（介護老人保健施設）

などに入居してしばらく顔を見なかったおばあさんの住戸。ある月から管理費、修繕積立金の引き落としができなくなる。亡くなって銀行口座が閉鎖されたためです。では誰が相続したのだろうか。待てど暮らせど届け出がない。そのうち管理費、修繕積立金の滞納が長期にわたる。分譲当初に提出されていた非常時の連絡先はすでに引っ越ししたのか応答がない。こうした構図です。

築40年を超えるようになると多くの住戸の所有者は70代から80代です。建物も所有者も老朽化しています。よくマンションは資産価値を重視しろ、などと言いますが、都心ブランド立地のマンションを除けば、ほとんどのマンションは建物の老朽化と共に資産としての価値の維持が難しくなります。東京青山《あおやま》にある築50年のマンションなら周囲はヴィンテージマンションなどと言って持《も》て囃《はや》してくれますが、横浜の郊外にある同じ築年数のマンションだったら、ただの古ぼけたマンションと言われるのがオチです。

管理組合で相続人が誰であるかを追いかけるのは大変な作業です。ましてや相続人全員が相続放棄を選択していると目も当てられないのは先述した通りです。ただ国もようやく重い腰を上げました。2024年4月1日より不動産を相続した相続人は相続によってその所有権の取得を知った日から3年以内に登記することが義務化されました。これまでは登記をせず、届け出もなかったものが、相続人の捕捉が容易になったと言えます。

ただ相続人から見れば、管理費、修繕積立金という負債はマンションを空き住戸化するペナルティのようなものです。そしてこの呪縛から逃れるには売却するしかありません。ところが思うように売却できればもともとそんなに問題はないのですが、最近はなかなか厳しい現実が突きつけられます。

流動化できない築古《ちくふる》、郊外マンション空き住戸の行く末

不動産は読んで字のごとく「動かせない資産」です。そしてマンションの場合、いらないからといって自分の所有部分だけを取り壊すことはできません。マンションという共同体から脱出するためには、自分の持分《もちぶん》を売却しなければなりません。

ところが最近では、なかなか流動化（売却）できないマンションが増えているのです。マンションは戸建てに比べて処分が容易と言われてきました。戸建ては土地の大きさ、建物の仕様など千差万別であるいっぽう、マンションは言わば工業製品のよう

なもので、同じマンション内の住戸であればだいたい設備仕様は同じ、鉄筋コンクリートなどの堅牢な建物であるため、専有部の住戸内さえチェックすればそれで十分なと言われてきました。

しかし昭和・平成時代のように大都市圏に大量の人々が流れ込み、まったく住宅が不足していた時代であればいざ知らず、現代は都心部を除けば住宅はむしろ余り始めています。築年数の古いマンションは設備仕様などで最近の物件と比べるとかなり見劣りがします。以前なら駅までバスでのアプローチ、電車も途中乗り換えなどで都心まで1時間以上かかる物件でもそれなりに顧客がつきました。

ところが現代では、夫婦共働きで都心にある勤務先までの時間が勝負の顧客に、郊外の築古マンションはまったく人気がありません。首都圏でも千葉県や埼玉県内で、鉄道ターミナル駅からさらに支線などで郊外奥深くアクセスが必要なエリアになると、駅から徒歩圏内で築30年程度の中古マンションであっても、150万円、200万円といった「クルマ1台」分程度の価格しかつきません。またこの価格はあくまでも売り主の希望価格にすぎず、地元の不動産業者に聞くと「売れればめっけもの」程度の評価なのだそうです。

こうしたマンションで育った相続人にとって、親の残した郊外築古マンション。思い出はあるかもしれませんが、本人にとってはどうにも扱いようのない代物《しろもの》になっています。今さら父親と同じように毎日1時間以上もかけて都心に通勤するのは勘弁。育ったとはいえ、当時一緒に遊んだ友人たちは誰一人残ってはいません。特に中学校からは都心の私立中学、高校などに通っていたら地元の人たちとの交流すらありません。「戻る」などという選択肢はハナから思い浮かべることができないのです。

自分が買って住んでいる都心のマンションに比べても、設備仕様は古臭く、マンション全体も今となっては冴《さ》えないデザイン。一定の修繕は行なっているとはいえ、目新しさもなく、どこから見ても価値があるような建物には映りません。住民もみんな老齢化が進み、まるで老健のような有様《ありさま》です。

そうした感想は、実はこのマンションを新たに借りる人、買う人から見ても同じです。あとは価格勝負するしか手立てがないのです。でも安さだけで勝負したところで、他のエリアも同様の状態の物件はたくさんあります。中古マンション売買サイトに長く掲載されている物件の多くがこうした事情を抱えているものです。

マンション所有の残酷な面は、こうして販売現場に掲載している間であっても毎月の管理費、修繕積立金は確実に徴収されることです。マンション空き住戸の負担で苦しむ相続人はこれから加速度的に増加します。そしてあたかも債務のようにのしかかる管理費、修繕積立金というリスクを回避したいがために、相続した事実を隠す、そもそも相続自体を放棄する動きがますます顕著になることが懸念されます。

第3章

空き家になる前に

——家族としての戦略

家族形態の変化

国税庁が公表した令和4年（2022年）の相続税課税価格の合計は20兆6840億円でした。その構成はと言えば、現金・預貯金等34・9％を筆頭に、土地32・3％、有価証券16・3％、家屋5・1％、その他11・4％となります。土地と家屋という不動産全体で言えば、相続財産の約4割が不動産です。

また国土交通省「令和元年空き家所有者実態調査」によれば、調査に回答した空き家所有者の54・6％が、空き家は相続によって取得したと答えています。相続での取得ということは、親の実家、あるいは家族が所有していた家、マンション、別荘などが相続で引き継がれ、自らの意思で取得した家ではないところで空き家化した様《さま》がうかがえます。

家族が残した財産とも言える不動産が円滑に引き継がれないのはなぜでしょうか。以前は祖父母、父母、子供の3世代が同居する家族形態はごく一般的なものでした。【図表18】【図表19】をご覧ください。これは厚生労働省「2022年 国民生活基礎調査」において、高齢者（65歳以上）がいる世帯数の推移とその世帯構成、比率を追ったものです。

【図表18】高齢者（65歳以上）がいる世帯の構成

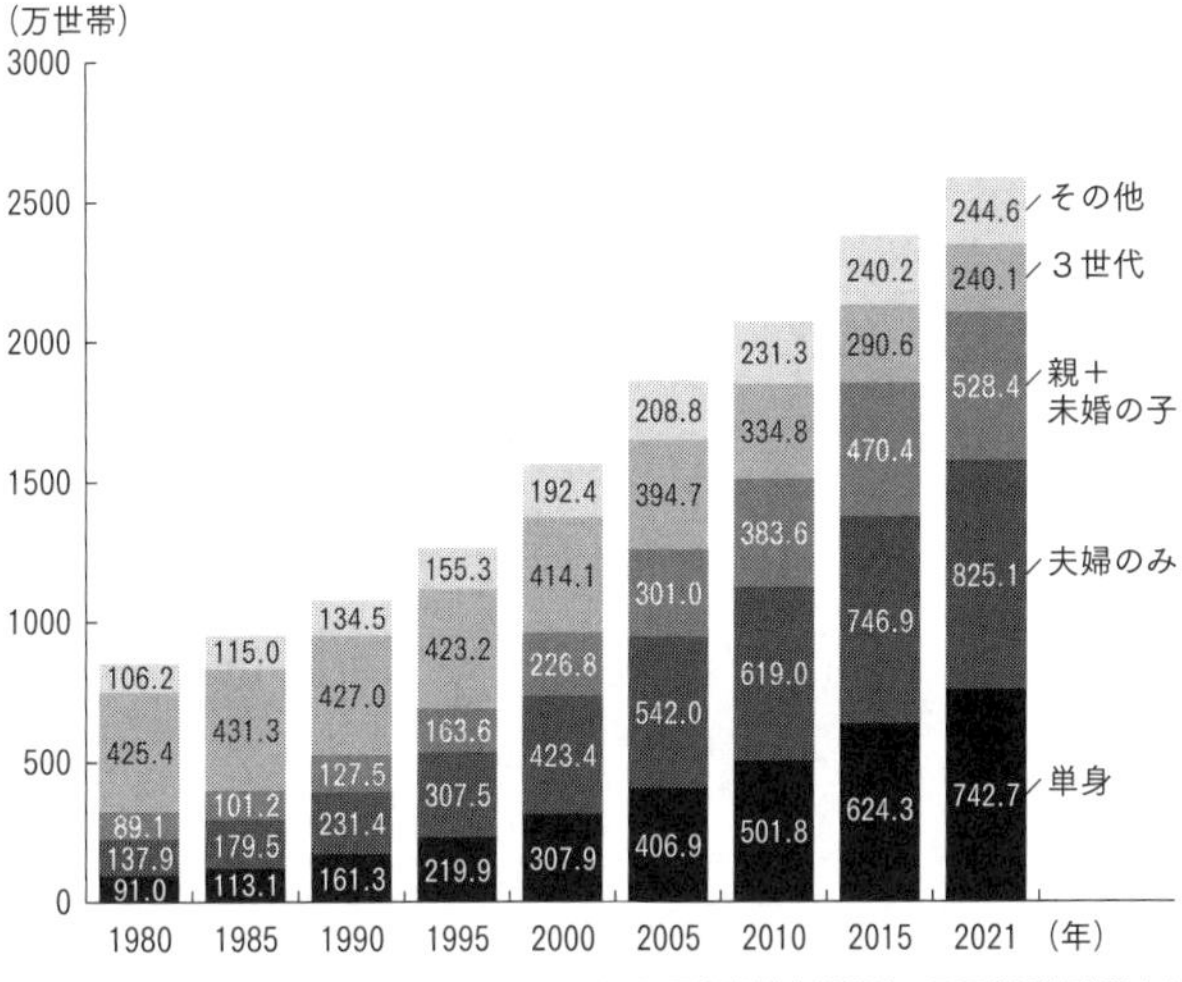

出所：厚生労働省「2022年　国民生活基礎調査」

【図表19】高齢者（65歳以上）がいる世帯の構成比率

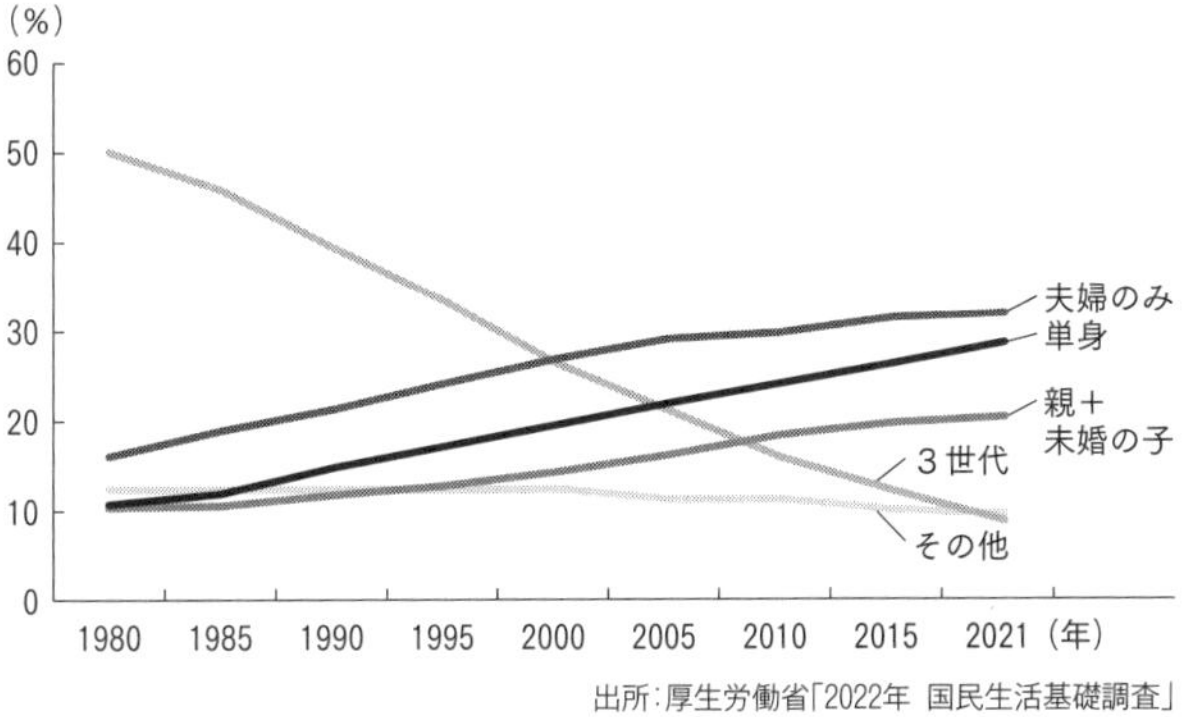

出所：厚生労働省「2022年　国民生活基礎調査」

このデータによれば今から約40年前の1980年においては高齢者がいる世帯の半数425万4000世帯が3世代同居世帯でした。当時、単身高齢者世帯はわずか91万世帯、高齢者がいる世帯全体の10・7%にすぎませんでした。ところが2021年では、単身高齢者世帯は742万7000世帯と8・16倍、構成比率は28・8%となるいっぽうで、3世代同居世帯は240万1000世帯と40年前に比べて44%の減少、構成比率はわずか9・3%に落ち込んでいます。

高齢者のいる世帯のうち単身または夫婦だけ、つまり高齢者しかいない世帯は1980年では全体の26・9%にすぎませんでした。ところが40年後の2021年ではその比率は60・7%に拡大しています。現代の高齢者世帯像によくマッチしています。

興味深いのは、夫婦に未婚の子がいる世帯の増加です。1980年では89万1000世帯だったその数は、2021年には528万4000世帯と約6倍に急増していることです。卒業、就職しても結婚をせずに親の家に閉じこもるいわゆる「子供部屋おじさん・おばさん」のいる世帯です。

さて、このように高齢者はその多くが単身または夫婦のみの世帯を構成し、生活するのが現代です。そしてその子供の多くは別に世帯を構えます。日本は高齢化社会になっています。親は80代から90代まで生きる人たちも多くいます。つまり本来であれば子や孫に引き継いでいくべき家でも、3世代同居をせずに子供や孫が別世帯を形成することで、家の承継がままならない状況になっているのです。

　これにはいくつかの理由が考えられます。1つには人口の都市集中です。地方や郊外で育った子供は、仕事を得やすく、通勤に便利な大都市圏や都心部に居《きょ》を構えることで、実家に戻るインセンティブがないことが1つ。また、都市部では不動産価格が高く、3世代が同居できるような広さの住宅を確保するのが難しいこと。さらに家族の単位が核家族化し、「家」という概念が希薄になる、夫婦が家としての単位であり、それぞれの親との濃密なつきあいや関係を敬遠することなどが挙げられます。

　実家を離れるのは、地方などでしたら大学生から、あるいは就職してからになります。実家で相続が発生するのはそれから30年も40年も先の話です。むしろ実家を離れてからの人生のほうが、実家で過ごした日々よりもはるかに長くなってしまうと、実家に対する思い出も薄れてしまいますし、家を守るといった概念も希薄になります。

　実家は引き継がれるべき存在ではなくなっているのです。相続が発生してから相続人であるきょうだいが、久しぶりに揃います。そこでいくら相談をしても、実家に価値があると思わない彼らの間では、互《たが》いに実家を押しつけ合うことになります。

私の知り合いの税理士や司法書士によると、最近の相続事案では、そのほとんどが、相続人は親が残した現金・預貯金の分け前を主張するいっぽうで、実家は完全な押しつけあいになるそうです。3世代同居の時代は、同居している長男が家を継ぐものと定められ、決まっていない家では誰が「一番価値のある実家を引き継ぐか」で奪い合いになっていたのが様変わり、ということです。

実家の未来図が描けない。今、多くの家族でその取り扱いに困惑しているのが実情なのです。

親の財産を知ることから、空き家対策が始まる

さてもうすこし相続の話をしましょう。3世代同居の世帯が減り、親も子もそれぞれが別の世帯を持つようになると、普段の生活で親、実家を意識する機会が減ります。親が地方在住であれば、里帰りは盆と暮れぐらい。それとて最近は互いの義理の親の家には出向かず、それぞれの家に帰省するなどという家庭も多いようです。昔は確かに住んでいたはずの実家でも、毎日の生活から離れてしまうと遠い存在になりが

ちです。親とのコミュニケーションも孫などがいればまだしも、最近は子供がいない、あるいは持たない家庭も増え、親と疎遠になりがちだという人も多くいます。

そんななかでも相続というイベントは人が生物である限り必ず起こります。何となく親はいつまでも元気でいてくれるもの、と考えたり、願ったりしがちですが、多くの家では、実際に相続が発生すると驚きうろたえるものです。

私自身が良い例です。私の父親は93歳で亡くなりました。最期《さいご》の2年近くは老健に入所していましたが、認知症になることもなく、元気にしていましたので、知らせを受けた時は、多少の覚悟はあったものの驚きあわてました。相続そのものに対してまったくの準備不足だったのです。

まず父親がどの程度の預貯金、有価証券を保有しているのか、私も姉も兄も3人ともまったく知りませんでした。母親はまだ元気でしたが、財産管理は父親がやっていましたのですこし覚束《おぼつか》ないものがありました。家中《いえじゅう》のタンスや机をひっくり返して預金通帳や有価証券の内容を探りました。父親は大正生まれの人にしてはめずらしくネットリテラシーがあって、証券口座はすべてネット取引。パソコンを開いてもさてパスワードがわかりません。

不動産については私が実業で不動産を扱っているのでおおむね所有不動産の概略をつかんでいましたが、姉や兄はその評価の仕方に疎《うと》く、いったいどの程度の財産評価になるかについて理解がおよんでいませんでした。不動産は実家のほか、都内の賃貸マンションと別荘程度でしたが、財産の全体像を把握するのに相当の時間を要しました。

姉は早くに家を出ていました。また私も兄も大学卒業後はそれぞれ家を離れましたので、父親がどの程度の財産を所有しているかなど、まったく知りえませんでしたし、関心もありませんでした。

相続は発生するともう対策の打ちようがありません。淡々と相続財産の評価額を計算して税務署に申告するだけです。もはや俎板《まないた》の上の鯉《こい》です。また遺言書には財産はすべて母親に、と記されていましたので、私たちきょうだいに異存はなく、遺産は母親に相続されました。なお、夫婦＋子供の相続の場合、父親（母親）が亡くなり、母親（父親）と子供に相続されるのが一次相続。次に母親（父親）が亡くなって、子供に相続されるのが二次相続です。

ただ、その時横浜市の郊外にある実家をどうするのかはすこし議論になりました。

横浜と言っても、実家があるのは市南部のニュータウン。ニュータウンと言っても昭和50年頃の開発地で、住民の高齢化が激しく、地元の中学校も廃校になっているようなオールドタウンです。母親がいるうちはまだしも、母親が亡くなったあと、さてどうするか。

私が調べた限りでも、もうあまり住宅が流通していないエリア。満足な価格で売れる可能性は低いです。また別荘も父親の趣味で買ったような家。場所も外房《そとぼう》地区で交通は不便。兄は茅ケ崎《ちさき》、私は藤沢《ふじさわ》、姉は鹿嶋《かしま》在住。きょうだいの誰も使う意思はありません。都内にあった賃貸マンションはともかく、横浜郊外の実家と外房の別荘はとうてい未来図を描くことができませんでした。それでも相続手続きが終了すると何となく「はい、おつかれさま」で、そのうちこの話はうやむやになってしまいました。

父親が亡くなった一次相続で感じたことは事前に親の財産を知っておかなければ、空き家対策を含め、相続対策はできないということでした。ただ、なかなか子供の立場から親に「親父、いくら財産持ってんの？」とは聞きづらいものです。特にわが家では父親はかなり厳格な性格の亭主関白でしたので、聞き出すことはほぼ不可能でしたし、母親は「うちはお父さんがアメリカに長くいたので年金が少なくて困っているのよ」とこぼすくらいで、聞いたところで容易に財産内容を把握できなかったと思います。こうした家庭環境が空き家対策を遅らせることにつながります。将来の実家の未来図は親自らが子に示す必要性があるのです。

親が認知症になる前に

相続を見据えて早めの空き家対策を講じる必要性を強調しました。相続が起こってからあわてて対策を考えるよりも、親が生きていて元気なうちに実家の未来図をお互いに確認しておくことが肝要なのです。

しかし対策を有効に打つためには、「親が元気なうち」という条件がつきます。というのも実家の所有権を持つ親が認知症などを患《わずら》い、正確な意思判断ができなくなると、実家を含めた不動産の売買が有効に成立しなくなるからです。たとえば、親に代わって子が実印などで押印して、不動産売買を行なっていても、税務署からはその取引自体を税負担回避行為として否認されることがよくあります。

私の家の事例に戻ります。父親が亡くなってから数カ月後、私は母親から電話をもらいました。

「私はもうこの家に住むのは嫌なの。あなた不動産屋なんだからどこか都内のマンションを探してちょうだい。私は都会の女なの。こんな横浜の田舎に住み続けるのなんてまっぴら」

アメリカ暮らしが長く、半分アメリカ人のようになっていた母親は、あっけらかんとした性格。それでもさすがにこの申し出には私も驚きました。私は不動産投資のお手伝いもするため都内のマンション売買には詳しいですし、タワマンをはじめとした高額マンションは相続対策につながることもよく知っています。ところがなぜか私は母親の申し出をうんうんと聞きながらも、年寄りが急に住居を変えるといきなり認知機能が衰えるとの話が頭に浮かび、適当に聞き流してしまいました。

それからしばらくして、兄から母親はすこし認知症の疑いがあると言われ、数年後に亡くなります。あの時の母親の申し出が認知症を患ってのものだったのか未だに私にはわかりませんが、結果として二次相続では相当の相続税が課税されることになりました。母親の申し出通りに実家を売却し、都心タワマンに買い替える機会はあったはずなのに。人には専門家として高説を垂《た》れるくせに、自分の親には遠慮して結局十分な対策も打てずにうろたえる。今でも時折思い出しては苦笑いをしています。二次相続で問題となるはずの実家は、ありがたいことに兄が引き継ぎ、そのまま実家に居を移してくれましたので、わが家の実家問題はとりあえず決着しましたが、兄夫婦には子がいません。兄に相続が起こったら、この問題はとりあえずの「先送り状態」にあるのです。

さて親が認知症を患う前に対策する方法があります。1つが任意後見人を設定することです。本人の意思能力が低下する前に本人が任意後見人を指名し、実際に判断能力が低下したら、後見人が本人に代わって預貯金や不動産の管理、処分を受け持つものです。ただ、後見人の選定や選定後の後見人の行動でトラブルも多く、慎重な対応が求められます。

もう1つの方法が家族信託です。本人が委託者となって子供などに財産の管理、処分について委託します。受託者は双方であらかじめ決められたルールに則《のっと》り財産の管理、処分を行なうものです。また相続後の財産引き継ぎなどもあらかじめ決定できるので最近はよく利用されています。家族のなかでたとえばもっとも信頼がおける子が受託者となるケースが多いのですが、これもきょうだい間でよく話し合い、互いの理解を進めておく必要があります。

いずれにしても空き家対策でぜひやっていただきたいのが、親が元気なうちに家族会議を開催することです。子供が言い出しにくい内容ですから、親から発議するのがよいでしょう。財産のなかでも特に実家を含めた不動産については、その行く末についてきちんと親の口から語るべきです。特に先祖代々受け継いできた家などについては、いろいろな想いが交錯することかと思います。残すのか、残すとするのならどのように維持、管理していくのか。売却、処分してかまわないのか、その際に注意すべき点などについて、自らの考えを正確に伝えることです。

さらに付け加えるのならば、実家のなかにある家財道具などをあらかじめ片づけておくことです。相続後、家を維持するのでも本当に必要なものとそうではないものの仕分けは相続する子供にとってはなかなか判断ができないものです。実家の断捨離《だんしゃり》は親の務めでもあるのです。

そうは言っても、なかなか実家や別荘、田畑などの不動産を今後どうするかについては頭が混乱しがちです。特に空き家になることが確実な不動産について、どのように考えていけばよいのか。次項ではその戦略を練ってみましょう。

樹形図で考える戦略構築

空き家をどうするのか。この悩ましい問題に対処するには、まずデシジョンツリー（樹形図）を使って考えてみるのがよいでしょう。【図表20】

まず、空き家または空き家になることが確実な家を「残す」のか、「残さない＝解体、撤去する」のかが最初のデシジョン（決定）です。そのうえで次のように方向性を整理します。

〈家を残す〉
①当面の間、空き家として管理する
②家自体を有効利用する
③賃貸または売却する

〈家を解体、撤去する〉
④更地として利活用する
⑤更地として売却、または貸地《かしち》にする

実は空き家問題を解決する手法はこの5つの道筋しかありません。親の意向や相続する相続人（子など）の事情もあるでしょうが、まずはこのデシジョンツリーに従って冷静に問題を整理していくことです。

【図表20】空き家問題の解決

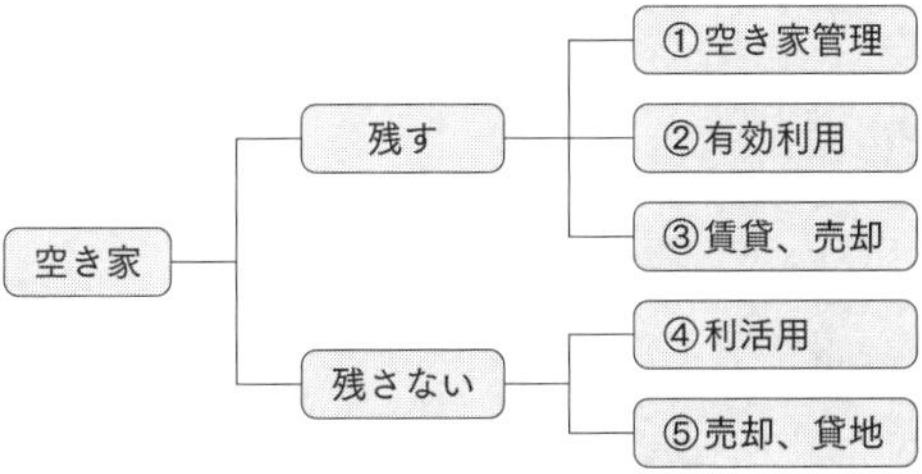

　またどれか1つの手法が絶対ということではありません。それぞれの手法の実現可能性をよく考えたうえで、優先順位をつけシミュレーションしてみることです。自分たちにとって最善と思っても、不動産マーケットではなかなか叶《かな》わない選択かもしれません。ただトライしてみないとわからない、納得感がない、といったこともあります。あれもこれもとやりだすと沼に嵌《はま》りますが、このデシジョンツリーを常に手元に置きながら、優先順位に従って実行していくことをおすすめします。

　よくあまり深く考えずに、家は使わないからとりあえず解体、撤去しようと考える人がいますが、2つ注意点があ

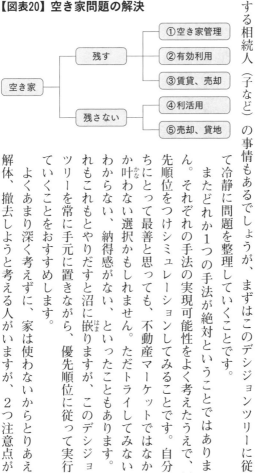

ります。1つが解体費、もう1つが税金です。

家の解体費が大変なことになっています。建設費が高騰しているという報道を耳にした人は多いかもしれませんが、建物解体についても同様にその費用が急騰していま す。原因は人手不足と解体作業の複雑化です。人手不足はどの業界にも共通ですが、解体現場では特に人工《にんく》の確保が難しくなっています。加えて、以前であれば重機《じゅうき》(建設・運搬作業用の大型機械)で家を取り壊して、廃材を運び、整地《せいち》するだけの作業であったものが、最近は廃棄物の取り扱いが厳しくなり、分別作業が作業工程に影響をおよぼしています。

現状では、通常の家屋(延床《のべゆか》面積100㎡から120㎡程度)で150万円程度はかかってきます。さらに庭石、灯籠《とうろう》、植栽《しょくさい》などの状況によってさらに加算されますし、接道《せつどう》状況によっては重機が入らず、割高になります。解体費用の負担を誰が行なうかも含め事前によく検討しておく必要があるでしょう。

もう1つ気をつけるべき問題が税金です。通常の住宅用地は先述したように住宅用地の特例として固定資産税、都市計画税が減免されています。ところが家を解体、撤去してしまうと、住宅用地ではなくなり、税務上は更地として評価されますので、特例が適用されなくなります。空き家が増える大きな原因の1つとしてこの特例の存在がクローズアップされています。固定資産税などの評価基準は毎年1月1日での状況ですので、更地化するまでの固定資産税は今まで通りでも翌年から特例の適用が受けられず、納付申告書が来てびっくりするなどということになります。

首都圏の郊外でも戸建て住宅は固定資産税が年間で10万円から15万円程度はかかっているはずです。この特例が外れると、税金は40万円から60万円程度に大幅アップしてしまいます。更地化後の活用方法が策定できていれば問題はありませんが、何も考えずにとりあえず更地化してしまうと、思わぬ事態に発展しますので注意する必要があります。

ではデシジョンツリーに従って具体的な対応策を考えていきましょう。

家を残す場合の対応策

家を残す場合には、まず家のデューディリジェンス（適正評価手続き）を行なうことをおすすめします。具体的には、ホームインスペクション（住宅診断）です。親は現在の家に慣れ親しんで不自由なく暮らしているかもしれませんが、親亡きあとに、この家が十分に活用できるか、あるいは売り物として評価できるのかを冷静な目で判断しておく必要があります。

戸建て住宅の場合、外壁は12年から15年に一度の塗装、屋根は20年から30年に一度の葺《ふ》き替えが、家を劣化させない方法です。また住戸内の住設《じゅうせつ》（住宅設備）機器はとりわけ水回りをよくチェックします。毎日利用する風呂、トイレ、洗面台、台所は家を評価する際には最重要ポイントです。経年劣化《けいねんれっか》の激しいものについてはできるだけ更新しておくことが望まれます。エアコンも古い機器だと省エネの観点からも評価できません。給湯器もだいたい10年から15年で寿命を迎えます。こうした住設機器が整《ととの》っているだけで、利用価値はかなり上がります。

ただデューディリジェンスを行なったうえですぐにリフォームを行なうのは禁物です。家をどのように活用するのか戦略を練ったうえで必要な箇所に必要な手を入れることが肝要です。ではデシジョンツリーに戻って戦略を構築していきましょう。

①当面の間、空き家として管理する

あまりおすすめしませんが、相続人の意見がまとまらない、親は老健に入所中なので亡くなるまではそっとしておきたい、など家族にはさまざまな事情があります。その場合、当面は管理のみ行なっていくという選択肢は十分ありえることでしょう。

空き家管理は、現在では多くの業者が取り扱うようになりました。専業というよりも町の不動産屋などがサイドビジネスとして引き受けるケースが多いようです。サービス内容はさまざまですが、もっとも軽微《けいび》なもので月1回程度の見回りおよびレポートです。月額数百円から1000円程度の費用のものが多いです。もうすこし踏み込んで、郵便物の取り扱い処理、外構《がいこう》（門、車庫、塀など建物外部の構造物）の清掃、植栽管理などを行なうものは作業内容によって異なりますが月額数千円から。さらに家屋内に入って、通風、通水や害虫処理などを行なうもので月額2万円から3万円程度のものが多いようです。

それぞれの家の事情に応じて使い分けることをおすすめしますが、こうした管理サービスを利用する場合、心がけたいのが「出口」をあらかじめ決定しておくということです。空き家管理は「問題の先送り」にすぎないからです。したがって何年間、管理しておくか、期限を決めておくことです。そうでないと、だらだらと管理だけを続けていくことになり、何ら解決の方向性は見えないからです。いくら適切な管理を行なっていたところで、家はどんどん劣化していきます。結果として使いものにならなくなっていく運命です。

家をどうするのか「出口」をあらかじめ設定し、その期限が来たらトリガー（引き金）を引くことです。

②家自体を有効利用する

家の有効利用は賃貸ばかりではありません。地域には特定の利用を欲しているケースがあります。具体的に見ていきましょう。

・グループホーム……認知症のお年寄りなどが共同で生活をすすめる家として今、グループホームの需要が拡大しています。すこし大型で部屋数が多い家などが適合します。比較的長期で使ってもらえるので空き家の活用には適当です。

・シェアハウス……一軒家で賃貸するのが難しくても、若者や外国人などを対象にシェアハウスとして利用してもらうものです。ソファや建具類をそのまま使えたりしますので、有効利用としては手軽に活用できます。

・地域共生の家……空き家を地域住民の憩《いこ》いの場として活用するものです。東京の世田谷区では一般財団法人世田谷トラストまちづくりが二十数軒の家を地域に開放しています（2024年7月現在）。具体的にはカフェや囲碁、将棋、チェスなどを楽しむ場、図書室、ギャラリーなどとしてです。地元行政などと相談のうえ活用するとよいでしょう。

・こども食堂……経済的に恵まれない子供たちなどを対象に食事を提供するこども食堂は現在、全国的に広がりを見せていますが、空き家を活用する手段として注目されています。

・民泊……増加を続ける外国人観光客などを対象に、住宅を宿泊場所として提供するものです。2018年6月には住宅宿泊事業法が施行され、法の管理のもとに営業が認められるようになりました。具体的には各自治体に「住宅提供者」「管理者」「仲介業者」を届け出てそれぞれの役割と責任を明確にしました。住宅提供者は地元自治体に届け出が必要です。また民泊の運営にあたっては種々のルールが定められましたのでこれを遵守する必要があります。また運営期間は年間で最大180日に制限されており、自治体によってはさらに営業できる地域の限定や独自の運営期間を定めているところもあります。

国土交通省によれば、2024年7月12日現在で住宅宿泊事業の届け出を行なった件数は4万2010件、うち廃止届出数は1万6684件です。かなり普及が進んできました。観光需要が見込める地域では検討してみることをおすすめします。

③賃貸または売却する

実家などが売れるかどうかは大きな関心事です。手入れが行き届き、築年数も浅い物件ならと考えがちですが、大都市圏であればいざ知らず、地方の不動産マーケットは縮小の一途です。家族で気に入っていた家でも、他人から見て利用価値があるかはわかりません。

現在ではネットが発達していますので、各種仲介サイトで検索して、家の所在するエリアで売買が行なわれているかを調べてみることから始めましょう。売却サイトを覗けば、同じ地域や街で売りに出ている物件の売却値段や敷地面積、建物面積、間取《まど》り、築年数などが表示されていますので参考になります。ただ、価格はあくまでも売り主の希望価格ですから、表示価格から1、2割差し引いて考えておくとよいです。ある程度目途《めど》がつくようならば、仲介業者に相談してみましょう。大手サイトも良いですが、家が所在する町の不動産屋のほうが、親身になってくれることが多いです。町の不動産屋はその地域内で商売をしていますので、あくどい仕事をして妙な噂が立つことを嫌うからです。

相場がないような地域でもあきらめるのは早いです。空き家バンク（123〜125ページで詳述）に登録して、全国に幅広く移住希望者などの目に触れるようにするのも一手です。またお隣さんに声がけするのもよいです。「隣《となり》の土地は倍出してでも買え」という格言がありますが、マーケットでは無視されるような家でも、お隣さんから見れば、子供や孫の家として、あるいは更地にして庭を拡張したい、自家農園として使いたいなどいろいろな希望があるものです。

また賃貸でも、一般にはニーズがなくても最近では多拠点居住を運営する業者があって、家を借り上げて多拠点居住を行なう会員に貸し出すサービスなどもあります。景観が良い、観光地に近いなどの特徴がある家であれば打診してみるとよいでしょう。

更地にする場合の対応策

家を解体、撤去して更地にする場合には、先述したように、安易に更地にすると固定資産税の減免がなくなるので、ある程度活用の目星がついてからのアクションが肝要です。もちろん空き家を増やさない観点からは、空き家のまま放置されることは社会的に問題となっています。築年数が嵩《かさ》んでぼろぼろになったような家は、社会的な観点からも早期に更地化すべきであることは言うまでもありません。

④更地として利活用する

更地として利活用する方法としては、更地のまま利活用する方法と、更地の上に新たに建物等を建設して運用する方法とに分かれます。

・駐車場……更地のままの利活用方法としてはもっともポピュラーな手法です。ただ、地方になると、住戸の駐車場スペースに余裕があり、外部で借りるニーズが少ないのでなかなか思うような賃料が取れないのが実態です。

・市民農園……大都市郊外などにあって比較的敷地が広い場合には、市民農園などに提供する方法があります。地元農家に貸し出すことも考えられます。

・賃貸アパート……比較的まとまった土地で、需要が見込めるところであれば賃貸アパートを建設して運用する方法があります。先述したように相続税対策としても有効です。ただし、アパート経営は中長期的な観点から事業が継続できるかどうかをよく判断して行なうことが肝要です。

また国土交通省が推奨する住宅セーフティーネット制度に登録し、住宅確保要配慮者（高齢者、障碍者、低額所得者、子育て世帯など）の入居を拒まない賃貸住宅を建設すれば、国から改修にあたっての費用や入居者支援などさまざまな補助が受けられます。

・商業店舗……車の行き来の多いロードサイドにあって、敷地面積が広ければ、コンビニエンスストアやファミリーレストランなどへの利活用が検討できます。

⑤更地として売却、または貸地にする

更地として売却するには、周辺相場などを参考にしますが、どうしても手放したいような土地は、欲張らずに、買い手が現れたらラッキーくらいの気持ちで対処するとよいです。空き家バンクと並んで空き地バンクというものもあります。そしてお隣りさんにはだめもとであっても必ずお声がけしましょう。

また後述する相続土地国庫帰属制度（129〜134ページ）は、制度発足前の相続物件についても適用されますので、相続した実家などの不動産で処分に困っている場合には申請することを検討してみてはいかがでしょうか。

注意すべきは、国庫帰属にあたっては、境界の確定や権利関係、地中埋設物の有無など整備できるところを確実に整備する、また崖地《がけち》などは採用されないので、要件に当てはまるかを入念にチェックのうえ申請するとよいでしょう。

さて、本章のはじめに高齢者単独世帯あるいは夫婦＋未婚の子世帯が急増していることを紹介しました。世の中は今やおひとりさまブームです。おひとりさまにとって空き家問題は存在するのでしょうか。相続した親の家もこれを受け継ぐべき配偶者も子供もいない、財産は全部国に入れればよいのでしょうか。次章で考えてまいります。

第4章

おひとりさまの空き家問題

おひとりさま世帯の急増

社会では「おひとりさま」勢力が急拡大しています。国立社会保障・人口問題研究所によれば、1980年では全世帯の42%は「夫婦+子」で、単独世帯（おひとりさま）は20%にすぎませんでした。ところが、40年後の2020年では、単独世帯は38%に激増。夫婦+子世帯は25%に凋落《ちょうらく》しています。今や標準的世帯と呼べるのは、かねてから政府が標準モデルとしてきた「夫婦と子供2人」ではなく、完全に「おひとりさま」なのです。おひとりさまが市民権を得るのは当然と言えましょう。【図表21】

ちなみに夫婦で子のいない「夫婦のみ」世帯も増加を続け、全世帯の20%（1980年は12%）におよんでいます。

単独世帯増加の背景は何でしょうか。以前は単独世帯の多くが結婚する前の独身者の世帯でした。地方から都会にある大学や専門学校などに進学してきて下宿する、学校を卒業後就職して、結婚するまでの間にアパートや賃貸マンションを借りるなどの一時的な住まいとしての印象が強かったと言えます。ところが現在では、配偶者を亡くした高齢者単独世帯と結婚を選択しない未婚者世帯の増加が目立っているのです。

高齢者単独世帯についてはすでに触れてきたので、ここでは未婚者の状況を見てみ

【図表21】世帯構成・割合の変化

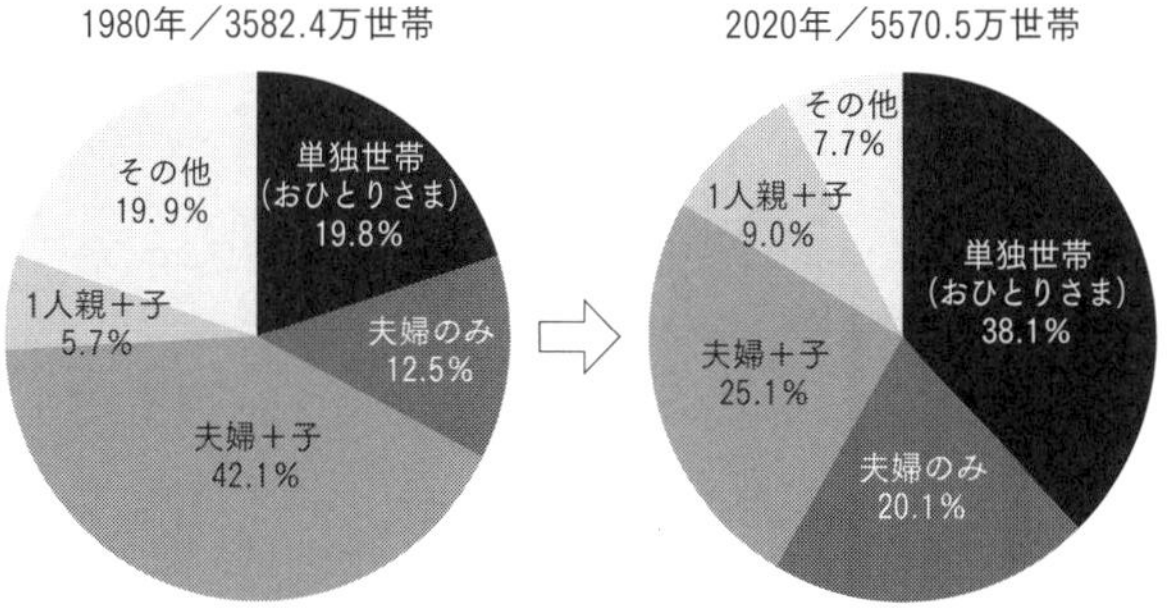

出所：国立社会保障・人口問題研究所

ましょう。総務省「令和2年国勢調査」における未婚率（50歳までに結婚をしていない者の割合）は男性で34・6%、女性で24・8%を記録しています。同じく40年前の1980年では男性2・6%、女性4・4%でしたからその激増ぶりがわかります。

年齢別では30歳から34歳で見ると未婚率は男性が51・8%、女性が38・5%と高い比率になっています。世の中、結婚するのは当たり前ではなく、男性も女性も人生における選択肢の1つくらいの位置づけになっているのです。

結婚をしても子をつくらない、あるいはつくろうとしても授からない世帯ではやがて配偶者と死別、あるいは離婚をする、離婚後に再婚しない場合には単独世帯になります。このケースは子が家を出て夫婦のみになった世帯でも同様です。

今では世間ではおひとりさまを自由な生活をエンジョイする素敵な存在として扱うような風潮があります。以前はひとりでレストランに入って食事する、温泉旅館に宿泊するなどといった行動は世間の目を気にしたものですが、今やおひとりさまは社会のなかで認知されるどころか、ごく普通の存在になっています。

しかしいっぽうで、これまでの世の中の仕組みは「夫婦＋子」世帯を中心に組み立てられてきました。おひとりさまになった事情や背景もさまざまななかで、おひとりさまにとって、すべてが快適な社会になっているわけではありません。

とりわけ高齢になってからのおひとりさまは、歳《とし》を重ねるにしたがってさまざまな問題を引き起こしていきます。最大の課題が相続です。核家族化が進み、きょうだいがいないひとりっ子が増えました。親の財産を独《ひと》り占《じ》めできる反面、ひとりっ子がおひとりさまのまま歳《とし》を重ねると問題は複雑化します。

相続なんて、引き継ぐ配偶者も子もいないのだから「そんなの関係ねえ」と考えがちですが、そうではありません。親から引き継いだ財産のなかでも厄介なのが不動産です。そして自分が所有しているマンションや投資用不動産などの扱いもなるべく早期に方向性を出しておくことが求められます。

ソロ経済・文化研究所の荒井和久《あらいかずひさ》さんの調査によれば、一都三県における20代～50代の男女1万5０００人を対象にアンケートを取ったところ、ひとりっ子の未婚率は男性が40・1％、女性が22・1％という非常に高い比率を示したと言います。

このデータが語っていることは、これからの高齢化社会に大量の未婚のおひとりさまが流入してくるということです。おひとりさまにとっての相続問題を詳しく見ていきましょう。

おひとりさまの相続は超大変！

ひとりっ子で未婚であると、気ままな独り暮らしをエンジョイしていたとしても、親と完全に離れることはできません。両親のうちのどちらかが亡くなり、片方の親だけが実家に住み続けている高齢者単独世帯が激増していますが、残った親が体調を崩す、入退院を繰り返すようになると、親の介護を引き受けることができるのは自分しかいません。実家が近隣にあればまだしも、地方などであれば行き帰りの往復だけでもかなりの負担です。仕事の都合もあるので、つきっきりというわけにもまいりません。親が認知症を発症するとさらに厄介なことになります。

こうした状況を迎えるようになると問題となるのが親の実家です。親を老健などに入所させることができたとしても、主がいなくなった実家をさてどうする、です。親が存命のうちは、家財道具で埋め尽くされた状態の実家はなかなか手をつけにくいものです。自身が住んでいたのも遠い昔。近所との関係すら判然としません。

親がどんな人たちとつきあい、どんな生活をしていたのかがわからないなか、実家の管理をしていくのは意外と辛《つら》いものです。庭の植栽はどこに頼んで剪定《せんてい》していたのか？　町内会の会費は誰に支払っていたのか？　新聞や定期購読の雑誌は？　趣味の会の会費は？　ゴミ出しのルールは？　定期的に通っていた医者は？　すべてがわからないことだらけです。ちょっとした修繕が必要と思っても、どこの業者に頼めばよいのでしょうか。親が認知症で記憶が曖昧《あいまい》になる、過去を一緒に思い起こすきょうだいもいないとなるとすべて自分で解決する必要が出てきます。

親が元気でいる間は、たまに帰る実家は、懐《なつ》かしく、居心地《いごこち》も悪くないと感じていたとしても、管理していた親の不在は、おひとりさまにとってはとてつもない重荷に変貌しているのです。

実家だけではありません。一時は親が足繁《あししげ》く通っていたのに最近ではまったく使われなくなった別荘の管理も同様です。賃貸アパートを所有していれば、管理する不動産屋さんからのテナントの入れ替え相談、修繕工事の連絡など、親が扱っているからいいや、と関心がなかった不動産がいきなり目の前に登場します。

おひとりさまとして気楽な時間を過ごすことは、結局家族との縁をすべて断ち切っておかない限り、最後は不動産共々《ともども》つきまとってくるのです。

おひとりさま老後のリアル

おひとりさまは一見すると、自分で稼いだお金はすべて自分のために使える、毎日の生活においても家族がいないぶん、自分がやりたいことに自分の時間を注《つ》ぎ込める、健康のために誰に気を遣《つか》うことなくお金を注ぎ込めるなどメリットばかりに見えます。

ところが、良いことばかりが続くわけではありません。年齢を重ね、会社を退職する、いわゆる老後になると多くの課題に直面することになります。このあたりの内容については、沢村香苗《さわむらかなえ》さんの『老後ひとり難民』（幻冬舎新書）に詳しいです。

おひとりさまが、自分が本当に「ひとり」であることを実感するのが、老後に怪我《けが》をする、病気で倒れる、などで入院をする時だと言います。

入院する場合、病院から身元保証人を求められますが、家族がいないおひとりさまにとって、事実婚をしているパートナーでもいない限り、いきなり誰かに頼むのには大きなハードルがあります。

病院などの医療機関が身元保証人を要求するのはなぜでしょうか。理由として挙げられるのが、入院費用の支払い、治療計画の承認、退院手続き、入院中の身の回りの世話、緊急時の連絡先などです。

自分はお金もあるし、頭もしっかりしているから大丈夫などと思っていても、脳梗《のうこう》塞《そく》などで倒れると、意思疎通が困難になる、銀行に出向いて入院費用を下ろすこともままならない、身体が不自由になれば退院時に誰が付き添ってくれるのか、などの問題は一気に噴出します。

さらに自分が亡くなった場合、死亡届は誰が出し、火葬の手続きを誰がやってくれるのか、死んだあとだから「関係ない」ではすまされないのです。

おひとりさまの老後の世界はなかなかハードなものです。健康のうちは感じなかった日常生活における不便は、自身が持病を持つ、身体が思うように動かない、ましてや認知症を患うようになると顕在化します。

農林水産政策研究所が発表している「２０２０年食料品アクセスマップ」によれば、食料品を提供する店舗まで５００ｍ以上離れ、車を持たない高齢者、いわゆる高齢買い物難民は全国で９０４万３０００人に上るとされます。この数は実に高齢者人口全体の25・６％、高齢者の４人に１人が買い物難民化していることになります。身体が不自由になれば、買い物１つを行なうにも大変な労苦を味わうことになります。これがおひとりさまであれば、死活問題です。

おひとりさまで恙《つつが》ない日常生活を送るには、買い物だけではありません。日々の掃除、洗濯から決められた日でのゴミ出しなど家事全般を滞《とどこお》りなくこなしていく必要があります。いろいろなことから自由だった日々が、いろいろなことでの不自由を感じる日々に変わるわけです。

それでもお金が許せば、家事支援サービスなどを適宜利用することで、不便をある程度解消させることはできます。しかし、認知症になると正常な判断を下すことが困難になります。

認知症になることを考えると、成年後見制度の利用が必須となります。成年後見制度の後見人には2つの種類があります。本人が認知症になり、判断能力に支障が生じた場合、家庭裁判所に申し立てして、弁護士や司法書士などを後見人（法定後見人）とするものと、まだ本人に判断能力があるうちに、その時に備えて後見人を定めるもので、任意後見人と呼ばれるものです。

このうち法定後見人については、家族や市町村から申し立てを行なうことが多いのですが近年は市町村からの申し立てが急増しているそうです。おひとりさまが増えていることが背景にあるものと推測されます。

自分が判断能力を失ってしまうと、自身の財産処分などについても自由が利《き》かなくなってしまいます。任意後見人は、まだ判断能力があるうちにあらかじめ後見人を定めておき、認知症などを患《わずら》った時に任務を引き受けてもらうものです。後見人の任務は、相続手続きや保険金の受け取り、預貯金管理、身上保護など多岐にわたりますが、自身の家を含めた不動産の管理、処分も該当します。早めに任意後見人を指名しておくことも考えておいたほうがよさそうです。

ただ、後見人は家族などに頼む場合は別として、弁護士や司法書士がなるケースが多いのですが、こうした人たちに頼むとかなり高額の報酬が請求されます。なるべく信頼できる友人やパートナーを作っておくことが肝要です。

近年、後見人として委託した弁護士や司法書士との間で、財産処分等についてトラブルに発展するケースも相次いでおり、資格だけで判断することなく、後見人とコミュニケーションが円滑に取れることも、後見人選定にあたっては留意しておきたいポイントです。

相続人がいない場合はどうする?

自分はおひとりさまと思い込んでいても、自身が亡くなっていざ相続になった時、本当に相続人がいないのかについてはあらかじめよく確認をしておく必要があります。子がいないだけで相続人はゼロにはならないからです。

相続においては民法で定められた次の法定相続人がいて、相続順位があります。なお配偶者は常に法定相続人となります。

第1順位：子（いない場合は孫などの直系卑属《ひぞく》）

第2順位：親（いない場合は祖父母などの直系尊属《そんぞく》）
第3順位：兄弟姉妹（いない場合は甥《おい》、姪《めい》）

親はもちろん、配偶者も子もいないからといって、相続上ではおひとりさまとは限りません。兄弟姉妹がいれば、第3順位で相続人となりますし、兄弟姉妹が亡くなっていればその子、つまり甥や姪が対象となります。孫や甥、姪が相続する場合は代襲《だいしゅう》相続人と呼ばれます。

おひとりさまは配偶者がいないのは自明です。子がいなくても兄弟姉妹がいれば、法定相続人となりますので、相続人となる可能性については本人同士で確認しておくことが肝要です。また最近では親が長寿の方も多くいます。親より子が先に亡くなるケースも珍しいことではなくなっています。親が相続人になることも想定されます。

さてひとりっ子で両親が亡くなっていて未婚のケースであれば、第3順位も存在しません。完全なおひとりさまです。それならば持っている財産は結局国庫《こっこ》に入れてしまえばよいのでは、と短絡的に考えるのではなく、可能な限り事前に整理しておきましょう。

特に親から譲り受けた不動産については、第3章で考えたデシジョンツリーに則《のっと》ってどのような出口があるかを早めに考えることです。また、おひとりさまでも最近は事実婚と呼ばれるように、長く一緒に暮らしたパートナーがいる人が増えてきています。どんなに長く一緒に過ごしたパートナーでも特別縁故者として認められない限り、財産を相続させることはできません。この場合、法的効力のある遺言書に記載をすることで、相続することが可能となりますので、特に一緒に住んでいるマンションなどは、パートナーが望む限りにおいて残してあげることもできます。

なお特別縁故者とは事実婚のパートナーのような内縁関係にある人を指しますが、遺言書などに記載がなければ相続人としては扱われず、相続手続きのなかで家庭裁判所に申し立てを行なうことが必要です。認定されるハードルは高く、「長期にわたって生計を一《いつ》にしていた」「療養介護などに献身的に努めていた」など特別親しかったことを証明する必要があります。なお生前に被相続人が特別に関係していた法人なども対象にすることができます。

また自身が病気で倒れる、怪我などを負って入院する場合などに必要となる身元保証人に関しても、判断能力のあるうちに親しい人に頼んでおくべきです。とりわけ自身の家や親から譲り受けた不動産などは、預貯金などと異なり、適切な管理をしていないと、資産価値が劣化する、他人に迷惑がおよぶことなどが想定されます。それぞれのロードマップを描き、いざという時に備えておくことです。

おひとりさま相続の流れ

では具体的に相続人がいないおひとりさまに相続が起こった場合の手続きを考えましょう。相続が発生した場合に、最初の重要なチェックポイントが遺言書の有無です。遺言書は法的効力が高く、記載内容にもとづいて相続が実行されます。

遺言には「自筆証書遺言」「公正証書遺言」「秘密証書遺言」の3つがあります。自筆証書遺言は自身で記した遺言書で、自身で保管し、相続時に家庭裁判所で検認を受けて開封するものです。ところがおひとりさまの場合、遺言書がどこに保管されているかが明確でないと、その存在すら確認できずに手続きが行なわれてしまいます。

公正証書遺言は、公証役場に出向き、遺言内容に沿って公証人が作成するもので、公証役場で保管されます。家庭裁判所での検認の手続きも不要です。

秘密証書遺言は、内容を秘密としてその存在を公証役場に認証してもらうものです。

おひとりさまの場合は公正証書遺言が適切です。自筆証書遺言は遺言書に法的な効力があるか、ルールに則って記載されている必要があります。法務局の遺言書保管制度を利用して法務局に預かってもらう方法もありますが、公正証書遺言書ならば公証役場に預けておきますので、保管場所も明らかであり、親しい人や後見人に頼んで開封してもらえばよいです。

遺言書がない場合のおひとりさまの相続手続きは次のように進みます。

①利害関係者が家庭裁判所に相続財産管理人の選定を申し立てます。相続財産管理人は弁護士が選定されるケースが多いです。そして官報に2カ月間公告されます。

②相続人の申し出がない場合、債権者や受遺者の申し立てを受け付けます。期間は2カ月です。

③相続人の捜索を行ないます。現行の戸籍謄本《こせきとうほん》のチェックに加えて古い謄本も調べます。結婚などで除籍になっている者、新戸籍になる前の原戸籍をたどるため相応の時間がかかります。

④特別縁故者への財産分与を行ないます。

⑤以上の手続きを踏まえたうえで、残った相続財産は国庫帰属となります。国庫帰属になるまで13カ月程度かかります。

預貯金や上場有価証券は取り扱いが難しくありませんが、不動産や非上場有価証券などは厄介です。とりわけ不動産は、個別性が強く、最近では流動化できないケースも多く存在します。

おひとりさまで、「あとは国によろしく」というのではなく、特に不動産は事前に処分して、現金化できるものについては早期に対応することが手続きを円滑に進めることになります。

でも自分が住んでいる家は亡くなるまで売却できないと思う人は多いでしょう。良い方法が2つあります。1つがリースバックです。自身が住んでいる家を売却し、退去せずにそのまま住み続けるものです。家の売却資金が手に入りますので、そのなかから毎月賃料を支払えば、新たな資金負担がありません。自身が亡くなれば、賃貸借関係は解除され、物件はリース会社のものとなります。

もう1つの方法がリバースモーゲージです。これは、家を担保《たんぽ》にローンを組み、金利分の返済を行なっていくものです。家にそのまま住み続ける点ではリースバックと同じですが、所有権は移転しておらず、死亡時に全額返済するものです。実際には家をローン会社に売却して精算する形となります。

リバースモーゲージはローンなので、いちおう返済計画が策定されます。その過程で問題となるのが、家を売却処分する際に担保割れを起こしていないかです。その場合には子などに連帯保証人となってもらい、担保割れ部分を返済してもらう仕組みになっているものが多いのですが、おひとりさまの場合、連帯保証人がいないことが問題となります。ただ、相続人とのトラブルを回避したいローン会社にとっては、相続人がいないことは手続きがスムースに進むことにもなります。通常の融資よりもローン金額は抑えられるかもしれませんが、リバースモーゲージの利用は十分検討できると思われます。

遺贈のすすめ

遺言書のところでも触れましたが、相続は何も法定相続人だけに財産を相続しなければならないものではありません。法定相続人とは別に自分がお世話になった個人や医療機関、学校、会社、法人や団体などに自身の財産を譲渡することができます。これを遺贈《いぞう》と言います。遺贈は事前に了解を取っておく必要はなく、その点で了解が必要な「死因贈与《しいんぞうよ》」とは異なります。

遺贈をするには遺言書で明記することが求められます。また法定相続人に対して遺贈することも可能です。

遺贈の形態には「包括遺贈」と「特定遺贈」があります。包括遺贈とは、相続財産のうち何割、あるいは○分の○を譲渡する、などといったものです。全財産を算定したうえ遺言で示された割合を譲渡します。ただ注意が必要なのは被相続人に借入金などの債務がある場合には、譲渡割合分の債務も譲渡されます。

特定遺贈は、財産を特定して譲渡するものです。たとえば特定の不動産を譲渡するといったものです。財産を特定しているため受け取る側（受贈者）にとってはわかりやすく、譲渡を受けやすいメリットがあります。

もちろん、遺贈にあたっては、受贈者は、そんな財産はいらないと放棄することができます。したがって遺贈者側も財産の押しつけにならないようによく考える必要があります。とりわけ不動産は、遺贈者本人にとっては思い入れがあって大切な資産であったとしても、受贈者にとっては現金や預貯金とは異なり、受け取ったあとの管理や税金の負担が発生します。

遺贈は相続人がいる場合でも使える財産の譲渡方法です。私は、相続の際にはもっと遺贈を活用してみてはと思っています。というのは核家族化が進むなか、相続人の数は減少しており、相続人が受け取る財産が多くなるのは一見すればメリットにも思えますが、現代の親子関係は以前よりもドライになっていますし、家制度に固執した財産の引き継ぎだけが相続というこれまでの考えはもっと柔軟になってもよいのではないかと考えるからです。

むしろ人生のなかでお世話になった人や、人生を振り返った時になくてはならない存在であった学校や、学校で教わった先生、人生の師と慕《した》った先輩などそれぞれのシーンで大切な想いが残されているはずです。そうした人や会社、団体に対して敬意を表し、自身の財産を遺贈することは大変意義深いものと考えます。

たいして親孝行もしてこなかった子などに全財産を譲渡するのではなく、社会に対して遺贈していく発想は今後の相続のなかで大切な考えだと思うのです。

特におひとりさまの相続に関しては、遺贈を行ないやすい立場にあります。とりわけ不動産は、活用方法を定め、社会の役に立てるのであれば、積極的に遺贈することも考えられます。NPO法人に遺贈して、活動拠点にしてもらってもよいし、お世話になった会社に遺贈して社宅として活用してもらう、高齢者や認知症の方たちのグループホームとして遺贈するなどです。

ただ漫然と相続を迎えるのではなく、国庫に帰属させる前に、自分の持つ財産をどうやって社会に還元できるかを考えることもおひとりさまであれば、より自由な立場から発想できるはずです。とりわけ不動産は利用方法などが特定できる場合はとても良い題材になるはずです。

遺贈は新しい財産分与の形としてもっと活用されることを望みますが、一点だけ注意が必要です。受贈者の税金です。遺贈の場合は財産を受け取った受贈者は法定相続人に対してかかる相続税の2割増しの税負担が発生します。また不動産の場合には別途、不動産取得税が課せられます。相続の場合には不動産取得税は課税されませんが、受贈の場合には課税されます。また登記する場合の登録免許税は2％。通常の相続の場合は0・4％ですから5倍の税負担となります。

なぜ、法定相続人以外に遺贈することが税負担の増加になるのか、私にはよく理解できません。ここにも古い家制度の価値観が横たわっているように思えます。

立つ鳥跡を濁さず

本章ではおひとりさまの空き家問題について、相続の観点から相続前の親の実家の問題と自身の相続後の不動産の取り扱いを含めた財産分与の話をしてきました。

おひとりさまは、この数十年の間で激増したどころか、世帯構成におけるメジャーな立ち位置を占めるに至っています。他人とかかわらない、結婚という選択肢にこだわらない、言わば社会の新しい価値観として根づいてきたものとも言えましょう。

特に女性の社会進出が進み、結婚という選択肢を取らなくても、自分だけで生活していくことが可能になったことはこうした価値観の醸成に大いに寄与したものと思われます。

男性から見ても女性は社会のなかで男性同様あるいはそれ以上に活躍し、男性が守らなくてもよい存在になるにつれ、女性とは対等につきあい、とりたてて一緒に家庭を作るという必要性を感じなくなってきています。以前は結婚をして女性は家に入り、家事をこなすという暗黙の役割分担がありましたが、男性にとっても家事は当たり前になるにつれて、女性の助けに頼らずとも十分に生活が成り立つ世の中になりました。男女共学が主流になり、「女子」の存在は男子にとって珍しい存在ではなくなった代わりに、女子に持っていた憧れや神秘性もある意味なくなったとも言えます。またジェンダー平等、そしてLGBTQといった価値観が急速に市民権を得るなかで、結婚という概念が急速に萎《しぼ》んでいったのがここ数十年の流れです。

そうした意味で家は、家族の象徴として存在したものが、個人が日々の生活を営《いとな》むためだけのものに変質してきました。単独世帯の急増はまさに日本社会の家族構成の大幅な転換を物語る事象なのです。

ただ、このような風潮のなかで気になるのは、おひとりさまを中心に「個人」だけが生活の単位となり、社会のおいしいところ取りしていないかということです。生活物価が高騰し、教育費負担にあえぎ、これに加えて不動産が天文学的な価格になる現代社会では、家庭を持つことは一種のペナルティを受けるようなものと考えるようになっていないでしょうか。

個人の価値観はひたすらセルフィッシュ（利己的）になり、「自分さえよければいい」「他人のことなんてどうでもいい」というセリフや行動が社会に蔓延しています。

ただこうしたおひとりさま万歳！社会も、いざ老後を迎える段になると、たちまち社会から取り残され、ひとりであることのデメリットを味わうことになるのは本章で取り上げた通りです。

特に自身に相続が発生する際に、のちの世を生きる人のことを考えずに「あとのことは関係ない」だとか、「国にそのまま渡せばよい。あとはどうとでもしてくれ」といった諦観《ていかん》がある人が多いことに驚かされます。

せめてこの世から飛び立つ時には、あとに残る人、社会のために「何か」を残してほしいと思うのです。

「立つ鳥跡《あと》を濁《にご》さず」とは去っていく者は、跡が見苦しくないように始末をしてから出立《しゅったつ》せよ、という喩《たと》えです。現金や預貯金はそのまま国へ、そして社会に還流していきますが、自分の住んでいた家や不動産。そのまま放置してあとは好きにしてくれというのでは何だか寂《さび》しいものです。

また遺贈というすばらしい方法もあります。これは相続人がいる人でもぜひ考えてみるべき相続方法だと思います。お金や不動産があとに残される人たち、社会に本当に役立ててもらえることが、より豊かな社会を創り上げていく礎《いしずえ》になるのです。

第5章

空き家を増やさない

——動き出した国と自治体

九州全土に匹敵する土地が所有者不明！

２０１７年12月、民間機関である所有者不明土地問題研究会が政府に提出した報告書「所有者不明土地問題研究会 最終報告～眠れる土地を使える土地に『土地活用革命』～」（以下、報告書）は衝撃的な内容のものでした。報告書によれば全国５６３市町村62万筆《ひつ》の地籍調査を行なった結果、そのうちの約20％に相当する土地について所有者が不明であることが判明したのです。

面積に換算すると、約４１０万ha。どのくらいのイメージかと言えば九州全土の面積（３６７万ha）を凌駕しています。研究会ではさらに、この状況を放置していると２０４０年にはその面積は７２０万ha、北海道全土の面積（８３４万ha）におよんでくることを指摘しています。

所有者が不明とはどういうことでしょうか。東京や大阪ではマンションなどの住宅が天文学的な値段に跳《は》ね上がり、一般庶民ではとうてい手が出せないレベルになっているいっぽうで、誰が所有しているのか判明しない不動産が激増しています。

日本は長きにわたる低成長、そして人口減少、高齢化の進展を背景に、一部の地域を除いた多くのエリアで、不動産の人気がなくなってしまっています。土地に対する需要の減少は、価値の小さい、あるいはない土地を所有していることの負担感（固定資産税、相続税や管理費）のみがクローズアップされます。結果として土地の所有者や相続人が土地所有することに対する意欲を失い、土地を管理せずに放置。そのうちに相続が繰り返され、登記もされず、やがては所有者がわからない状況に陥ってしまうのです。

かつてご先祖様が住んでいた家、耕していた田畑、管理していた山林などが見放され、親族間を転々とするうちにやがて所有者不明になる。これはまさに今増え続けている空き家の行き着く先とも言えます。

所有者不明土地の増加がもたらす問題は種々にわたります。報告書では、所有者不明土地が引き起こす問題として、道路の拡張などの公共工事を行なう際に、対象となる土地の所有者全員の同意を得るのに所有者を完全に把握できない、震災復興で高台住宅を開発しようにも候補地の所有者がわからずに同意が得られない、崖崩れ防止工事を行なう際に裏山の所有者が不明で手がつけられない、などといった具体的な事例を挙げて問題の深刻さを指摘しています。

しかしこの問題は公共工事だけの問題ではなくなってきそうです。これからの日本で確実に起こる「多死社会、大量相続時代」を経て空き家が増えていくことが、所有者不明土地の拡大につながる可能性がきわめて高いからです。

空き家は、すでに首都圏や関西圏といった大都市圏で増加していることについては触れましたが、特にこれから首都圏郊外を中心に戦前・戦中世代から団塊《だんかい》世代（1947～1949年生まれ）の相続が大量発生することが予想されます。詳しくは第6章で述べますが、今後の不動産市場における実需の減少を考えるならば、特に郊外ニュータウンなどにある親の家は早期に売却しないと、永遠に相続人の手から離れない、困った存在になる可能性が高いのです。

ところが、親の家というのは意外と厄介なもの。きょうだいで相続をして持分を共有で持っていたりすると、売ろうという決断がまったくできなくなりがちです。「親の想い」が詰まった家だからといっても、相続した子供たちは使うあてもなく、さりとて賃貸に出しても借り手がいないような家なのに、結局きょうだい間では「売る」という判断ができないままに家は放置状態に置かれます。

しかし、このドラマはこれで終わりではありません。おそらくさらにもう数年も経つと、この家のあるエリアのほとんどで相続が発生します。エリア内を歩いても人《ひと》っ子一人《こひとり》歩いていないゴーストタウンとなり、管理が行き届かない家は草木が生い茂り、エリア全体がスラムのようになっていきます。こうなるとさらに家は売れなくなり、最後は廃墟の群れに変わり果てていくのです。

そして、この家を相続したきょうだいにもやがて相続が起こり、彼らの子供へと否《いや》応《おう》なしに引き継がれていきます。この頃になると相続人である子供も親が残した厄介ものの家に関心を示さなくなるでしょう。それどころか相続したことを登記すらしなくなります。この繰り返しでがやがて「所有者不明土地」となっていくのです。

すでに地方のぼろぼろになった空き家などは、所有者がわからなくなった家が大半で、自治体が行政代執行《ぎょうせいだいしっこう》で空き家を取り壊しても、その解体費を請求する相手がわからないといった事態が頻発しています。

所有者不明土地は国や自治体にとっても、固定資産税や都市計画税、相続税などの税収減に直結します。国は2018年に「所有者不明土地の利用の円滑化等に関する特別措置法（通称・所有者不明土地法）」を定め、公共事業における収用手続きの合理化や地域福利増進事業に資するものでの使用権の設定、土地管理の適正化、所有者探索の仕組みの合理化など本格的な対策に乗り出していますが、所有者不明土地問題の入口にまさに空き家問題が横たわっているのです。

ついに、国が重い腰を上げた

空き家そのものに対する対策も実施されました。2015年に施行されたのが「空家等対策の推進に関する特別措置法（通称・空家等対策特別措置法）」です。それまで、地域に空き家があってさまざまな問題を引き起こしていても、行政による注意喚起や実効性のある対策は施せませんでした。日本の不動産の私権は強く、役所職員が空き家の敷地に立ち入ることも固定資産税台帳を閲覧して所有者を調査することすらできませんでした。そこで、「特定空き家」という概念を創設して、特定空き家に認定された空き家については、役所による立ち入りや調査が可能となり、対応策について助言、指導、勧告、命令ができ、命令に従わない場合には行政代執行によって、空き家を撤去できるというようにしたのです。

特定空き家とは、主に次の4つのいずれかの条件を満たすものとされ、地域の有識者などを集めて開催する委員会などで決定するものとしました。

①倒壊の恐れが強く、保安上問題があるもの
②衛生上有害であるもの
③地域において著《いちじる》しく景観を乱すもの
④生活環境の保全を図《はか》るのに適さない状態のもの

具体的には窓ガラスが破損されたままの状態にある、家屋が著しく傾いている、ゴミ屋敷状態にある、などが判断のポイントとされました。

この法律はこれまで一方的に不動産所有者の権利が守られてきた状況に楔《くさび》を打ち込む画期的な法律と言えるものでした。ただ、特定空き家に認定する手続きは複雑を極《きわ》め、有識者を集めた会をどの程度の頻度で開催し、どんな議論を経て決定するかについては自治体によってもバラバラな対応が目立ちました。また手続きが進まないことをいいことに、所有者側もほったらかしの姿勢を続けるなど実効性にも限界がありました。

絶対に押さえておきたい法改正

こうした経緯を踏まえ、国は2023年12月「空家等対策の推進に関する特別措置法の一部を改正する法律」を施行します。この改正のポイントは2015年の空家等対策特別措置法からさらに踏み込んだ内容のものとなり、関連する法改正と併《あわ》せて次の8点にまとめられます。

①管理不全空き家は固定資産税減免措置を不適用

法改正前は空き家を放置していても特定空き家に認定されるまでは特段のペナルティはありませんでした。今回の法改正では、特定空き家に認定される前でも、新設した「管理不全空き家」(特定空き家になる恐れのある空き家)に認定されるとその時点で、住宅用地に適用される固定資産税の減免(敷地200㎡以下の小規模住宅用地は固定資産税を6分の1、都市計画税を3分の1、敷地200㎡以上の部分の一般住宅用地は同3分の1、同3分の2)が受けられなくなりました。

これまで空き家として家が放置される理由に、この住宅用地の固定資産税の減免があり、家を取り壊して更地にしてしまうと、更地として課税され、固定資産税が6倍になると言われてきました。今回は管理不全空き家の適用を受けると、家が建っていたとしても、もう減免を受けることができなくなったという意味では、かなり強い措置と言えます。一言付け加えますと、実際には固定資産税は６倍にはなりません。固定資産税には負担調整率があって実際には固定資産税で４・２倍、都市計画税では２・１倍となります。それでも４・２倍になるのは、所有者にとっては大変な税負担の増加。空き家対策の実行を今まで以上に迫られることになるはずです。

②特定空き家は即解体撤去対象に

自治体に認定された特定空き家は放置すると倒壊などによって近隣住民や通行人に被害をおよぼす危険があるため、自治体が所有者に代わって空き家を撤去する行政代執行の対象となります。ところがこれまでは代執行に至るまで、「助言、指導、勧告、命令」という一連の手続きを踏む必要があり、実際の取り壊しまでかなりの時間を要しました。そこで手続きの簡略化を図り、命令なしで行政代執行を行なうことを可能にしました。そして代執行によってかかった解体費用は所有者に請求されることになり、支払わない場合には財産の差し押さえを行なえる強い法律となりました。

③相続登記義務化、罰則規定制定

所有者不明土地問題でも指摘された未登記の問題。登記されないことで所有者を特定できない、住所が変更になって連絡がつかないなどの障害を取り除くために相続した不動産について登記が義務化されました。このことについては項を分けて詳しくお話ししましょう（125～129ページ）。

④特例により再建築不可物件の建て替えが可能に

建築基準法では接道規制があり、住宅が建っている土地は幅員《ふくいん》（幅《はば》）4m以上の道路に2m以上接していないと、建て替えや改築ができないことになっています。相続などで取得した空き家が旧法で建設された家で、接道要件を満たしていないと、建て替えも改築もできずに放置してしまうケースが目立ちました。そこで今回の改正では、市区町村が重点的に空き家の活用を図るエリアを促進地区として定める制度が設けられました。市区町村が定める「敷地特例適用要件」に適合する空き家であれば、前面道路が4m未満であっても建て替え、改築がしやすくなりました。またこれまでは用途地域規制で認められなかったカフェなどへの用途変更も認められるようになりました。

⑤空き家譲渡所得特例の対象基準の追加

これまでは空き家とその敷地を相続開始後3年以内に売却した場合には譲渡所得から最高で3000万円を控除できる税制上の特例が設けられていましたが、この特例を受けるには売主《うりぬし》自らが空き家を撤去するか、耐震改修を行なって引き渡す必要がありました。今回税制改正によって空き家と敷地をそのまま譲渡し、買主《かいぬし》側で解体やリフォームすることができるようになりました。

⑥相続人行方不明者ありでも、処分が可能に

家を相続してきょうだいで共有しているケースが多くありますが、この家を修繕、整備する際は共有者全員の同意が必要でした。今回民法改正が行なわれ、建物の外観、構造、機能、用途などが大きく変わらない内容であれば、共有者の過半数の同意で実施できるようになりました。たとえば3人きょうだいで相続した家を修繕する際に、2人の同意があれば実施可能です。さらに相続開始から10年経過すれば、行方不明者の持分を他の共有者が取得したり、第三者に売却することが可能になりました。所有者不明土地問題などでもクローズアップされた、持分所有者が行方不明になって何も決められないなどの事象に対応するものです。

⑦相続土地の国庫帰属が可能に

相続した土地が「売れない」「貸せない」「自分が使う予定もない」という「負動産状態」に陥っている人に対して、一定の条件のもと、国に引き取ってもらう制度が新設されました。これは空き家所有者にとってかなりの朗報です。空き家問題にとって重要な制度なので③と同様に項をあらためて解説します（129～134ページ）。

⑧相続放棄における管理義務からの解放

使い道のない、価値のない相続不動産は相続放棄をすればよい、よく耳にするセリフですが、相続人全員が相続放棄をしても、実は残された空き家についての管理責任からは逃れることができません。空き家が荒れ果てて近隣住民に迷惑をかけた場合、相続放棄していても相続人が責任を負わなければなりません。今回の民法改正では、相続放棄をした場合に管理責任が残るのは放棄した時点で空き家を占有していた人のみが負うものとあらためられました。ただし相続放棄は空き家のみを放棄することはできません。現預金などを含めたすべての相続財産を放棄しなくてはならないことに変わりはありません。

空き家バンクを活用しよう

空き家をどうしても売りたい。管理や処分に困っている所有者にとって、たとえば親が残した地方の空き家、どう取り扱ってよいのか皆目《かいもく》わからないというのが実情でしょう。でも地元の不動産屋に持ち込んでも、「このへんはみんな持ち家だから借りる人なんかいないよ」あるいは「もう人が減っているのに家を買う人なんていないよね」と言われるのがオチです。また価値のなくなった不動産はこれを仲介する不動産業者にとっても旨味《うまみ》がありません。

そこで誰からも見向きもされない空き家をまとめて掲載するサイトを作ったのが、空き家バンクです。今では全国各地に空き家バンクがあり、エリアごとに多くの空き家が掲載されています。

実はこのサイトに登録されている物件の多くは、仲介業者からも相手にされないものばかりです。しかし、空き家バンクの役割は単なる仲介ではありません。地元業者だと地域内の不動産しか取り扱っていないので、必然として顧客（この場合は買い手）も同じエリア内のルートしか持ち合わせていません。

空き家バンクは各エリアのサイトを全国的にリンクさせています。つまり全国のいろいろなエリアからアクセスが容易にできるのです。

何が言いたいのかと言えば、移住を考えている人や別荘を探している人にとっては、地域の小さな、よく素性のわからない不動産業者にドアノックするよりもはるかに簡便な方法で、地域に眠る優良空き家の存在をネット上で知ることができるのです。

また、リスクはありますが、サイトを通じて直接売主にコンタクトを取り、仲介業者を入れずに取引を行なうことも可能です。直接取引の妙味は仲介手数料がかからないことです。

このサイトに掲載されている空き家の多くは価格としては数十万円から1000万円台のものが中心です。ネットで十分検証してから直接売主と交渉する、あるいは自分の親しい業者を買い側につけて交渉するなどいろいろな手法が使えます。

　また空き家の仲介取引では物件価格が数百万円といったレベルでは手間暇《てまひま》かける意味がないというのが多くの仲介業者の言い分でした。たとえば800万円の取引では手数料は3％。24万円です。200万円では5％で10万円になります。この程度の手数料では一生懸命やる気が起こらないというものです。

　こんな声を受け、国土交通省は空き家の仲介取引においては2024年7月から売却価格が800万円以下の取引については仲介手数料の上限を30万円としました。売り手、買い手双方の仲介を行なう両手取引《りょうてとりひき》であれば、最大で60万円になります。業者のやる気を引き出そうと国も苦心惨憺《くしんさんたん》しているのです。

相続登記をしないと……

　所有者不明土地が増える要因の1つが、相続の際に相続人が、所有権移転登記を行なわないことによるものでした。相続で得た大切な財産である不動産を多くの相続人が登記をしていない、そのために登記簿謄本を閲覧しても、現在の所有者が誰であるのか判然としないというものです。なぜ相続人は登記を積極的に行なわないのでしょうか。

まず登記とは、法律上では第三者対抗要件にすぎません。つまり、当該不動産の権利を主張する者が現れた場合、その者に対して、自分が所有をしていることを示して対抗することができるという程度のものにすぎません。

登記はこれまで義務ではなかったので、必ずしもされてこなかったのが実態です。大都市圏にあって不動産価値が高いものであれば、いざという時に備えて自分の権利を主張、対抗できるようにしておくことにはメリットを感じやすいのですが、たとえば親から先祖代々のものだからと言って引き継ぐ地方の山林、あまり買い手がいそうにないような田畑などの不動産はあえて登記をしておこうという動機づけがそもそもなかったのです。

さらに登記が進まない理由としては、登記した際には登録免許税という税金が課されます。税率は固定資産税評価額の0・4%。地方の土地でも面積が大きければ意外と金額は膨らんでしまいます。登記にあたっては手続きも複雑で、戸籍謄本や登記事項証明、住民票などの必要書類を揃えなければならず、少なからず費用もかかってきます。手続きするためには、自分でもできますが、司法書士などに頼めば手数料を支払わなければなりません。そうした費用をかけてまで、自分の所有を表明する必要を感じない不動産では、登記が行なわれずにきたのが実態です。

そのうち、相続が度重《たびかさ》なり、所有権がどんどん分散化、細分化され最終的に誰がどのくらいの権利を持っているのか全容がつかめなくなってしまうのが所有者不明土地問題です。

こうした実状を踏まえ国は、不動産相続に際しての登記の義務化に踏み切りました。２０２１年４月に不動産登記法が改正され、２０２４年４月１日以降相続が発生した際には相続した土地建物について登記を行なうことが義務となりました。具体的には「相続開始および所有権を取得したと知った日から3年以内に登記する」こととされ、遺産分割協議が3年以上の長期におよんだ場合でも「遺産分割が決定されてから3年以内に登記する」とされました。

義務化するということは、当然違反すると罰則が適用されます。どのような罰則かというと、10万円以下の過料が課せられます。また登記後も氏名や住所が変わった場合には、変更手続きも義務化され、従わなかった場合には5万円以下の過料です。

今回の改正はこれだけにとどまりません。２０２４年４月以前に相続した不動産についてもすべての案件で相続登記が義務化されました。つまり、2024年4月以降になると、以前に相続した土地や建物についても3年以内に相続登記を済《す》まさなければならなくなりました。

かつて親から譲り受けていた実家や山林などの不動産についても登記をしていないと、法律違反に問われるというのですからこれは大変です。特に地方では、親子同士で、資産が自然に継承されてきた結果、いちいち登記を行なっていない不動産が多数存在します。土地の所有者を明確にしていくためには絶対に必要な改正ですが、社会的な負担は膨大なものがあります。

相続した不動産で代々ちゃんと登記が行なわれてきていないものだと、登記をする際に過去の所有者の戸籍などをずっと追いかけていかなければなりません。たとえば戦後まもなくの相続発生以降、登記されていないような不動産は世の中にはざらにあります。

実際に私自身、都内でビジネスホテルの企画立案を行なっていた際、計画地の隣地《りんち》にお宮《みや》があり、この区画も一緒に開発できればとても良い計画になるので、所有者にアプローチを試みたことがあります。ところが当該土地の謄本を調べてびっくり。所有者は昭和27年に登記された女性名。記載された本人の住所は今では表記が変わった昔の町名。こうなるともはや専門家に頼んで相当の時間をかけて調査していかなければならず、それ以上の探索はあきらめました。都内だってこのような土地はいくらもあるのです。

国では一定の条件下であれば、期限内にできなくとも延長するなどの措置を施してはいますが、空き家問題から所有者不明土地問題につながる未登記問題に国は大きなメスを入れたと言えるでしょう。

相続土地国庫帰属制度創設の狙い

相続登記の義務化というきつい鞭《むち》に対して国は飴《あめ》も用意しました。相続土地国庫帰属制度の創設です（2023年4月23日施行）。相続した土地のうち、もう自分は使わないと思うものについては一定条件を満たせば、国庫に帰属させることができるという画期的な制度です。

法務省が2020年に行なった調査では、土地所有世帯のうち、土地の国庫帰属を望む世帯が全体の20％におよぶことが報告されています。相続した望まない土地の取り扱いに悩む結果、登記もせずに放置し、相続を繰り返すなかで所有者不明土地につながっていくことは先述した通りです。

では、この相続土地国庫帰属制度の概要を見てみましょう。

申請の対象となる不動産は「土地」です。建物は含まれません。また申請者は、土地を相続または遺贈された人に限られます。共有の土地の場合は共有者全員で申請する必要があります。

申請先は、法務局で、ここで要件審査が行なわれます。審査手数料は土地一筆《いっぴつ》あたり1万4000円です。担当官が現場に実査《じっさ》などに出向くことが想定されます。審査で承認されれば、国で引き取ってくれますが、注意しなければならないのが、国はタダでは引き取ってはくれないということです。

タダで引き取ってくれるとなれば、土地を管理するのが面倒だとして管理コストを国に転嫁することが目的となり、国民の間にモラルハザード（倫理観や規律の欠如）が蔓延することになるからです。そこで、国は国庫に帰属する際には、審査手数料に加えて、土地管理費10年分に相当する負担金を事前に納付することになります。負担金は宅地、田畑は面積に関係なく一筆あたり原則20万円、山林は面積に応じて算出されます。

宅地のうち都市計画法の市街化区域または用途が指定されている地域内の宅地は面積に応じて算出されます。田畑も宅地と同様に、市街化区域または用途地域の指定のあるような都市型の農地、農用地域内の土地などは面積に応じて負担金が算出されます。

ちなみに法務省ホームページに掲載されている「自動計算シート」によれば、市街化区域内にある土地であれば、宅地は200㎡で79万3000円、田畑1000㎡で112万8000円になります。山林も意外と高く、2万㎡で43万1000円です。

気になるのは要件審査でどういった土地であれば承認されるかですが、申請時の要件としては、

①建物が建っていないこと
②土地に担保権や使用収益権などが付されていないこと
③他人の利用が予定されていないこと
④土壌汚染がないこと

⑤隣地との境界が確定していること

などが規定されています。また審査にあたっては、

①勾配のある崖地
②土地の管理、処分に支障があるような工作物がある
③地中埋設物が存在する
④隣地所有者などとの間で裁判に発展するような深刻なトラブルがある
⑤土地の管理、処分に支障が出るような多額の管理費用、労力がかかる

などが認められる場合には、承認されません。

また国庫に帰属できる相続財産は、この制度が開始された2023年4月27日以前の土地も対象になります。これは、多くの人がかつて相続し、自分にとって価値がないと思われる土地を国に引き取ってもらうチャンスが到来したとも言えます。

ただし、申請や審査にあたって要求されている条件は意外にハードルが高そうです。

田畑や山林、地方に残された先祖伝来の土地などは、権利関係が複雑で登記もされていない、境界が定まっていない、地役権《ちえきけん》（通行など一定の目的のために他人の土地を利用する権利）や入会権《いりあいけん》（山野、漁場などを一定の住民が利用できる権利）といった権利が付帯する、など解決しなければならない問題が多数あるためです。

都市市街地であれば、こうした問題はあまりないかもしれませんが、家の解体費用に加えて、土壌汚染や地中埋設物などの処理や撤去などに多額の費用がかかる恐れもあります。またそれらの費用を負担したうえで、さらに多額の負担金を支払わなければならないことを考えると、更地として売るほうがよい、ということにもなりそうです。

さてこの制度の運用状況を見てみましょう。2024年7月末現在で申請数は延《の》べ2481件。内訳は農用地930件、宅地889件、山林391件、その他271件です。このうち国庫帰属件数は667件。内訳は農用地203件、宅地272件、山林20件、その他172件です。却下件数は11件。理由は境界が確定できない、通路用地があるなどです。また不承認だったものが30件。崖地や工作物の存在、通行権などの設定が理由です。また売却や活用が決まる、途中であきらめるなどの取り下げが3

33件でした。

当初はあまりにハードルが高いのではと思われた制度ですが、宅地では帰属率も高く、まずまずワークしていると言えましょう。

相続してしまった土地の扱いに一定の出口が用意された反面、出口要件を満たさない土地については、登記を義務づけ、固定資産税を徴収し、登記しない者に対しては処罰する。この数年の制度設置や各種法改正で国や自治体の基本的な姿勢が明確になってきたと言えます。

空き家の増加は、国や自治体からの取り締まりや規制の強化につながります。この考え方の根底には、空き家が社会にとっての困りもの、厄介ものという価値観があります。ただ、将来を見据えると、実はこれから首都圏などの大都市圏で発生する大量相続が、空き家活用等を通じて住宅マーケットを大いに活性化させることが期待されています。その青写真を次章で描いていきましょう。

第6章

2030年、首都圏の家は買いやすくなる!?

マンションが買えない！

「マンションが高すぎて買えません」悲鳴に近い声が各所から聞こえてきます。不動産経済研究所「首都圏 新築分譲マンション市場動向」によれば、２０２３年における首都圏で発売された新築マンション供給戸数は2万６８８６戸。【図表22】平均価格は８１０１万円。１㎡あたりの単価は１２２万６０００円を記録しました。平均価格は東京23区内に限ってみれば、１億１４８３万円、単価は１７２万７０００円です。

どれだけ値上がりしたのかを時系列で追ってみましょう。２００７年に時間軸を移すと、首都圏での平均価格は４６４４万円、単価は61万４０００円です。この16年間で価格は74％の増加。単価に至っては約2倍もの高騰であることがわかります。【図表23】この間《かん》に所得が倍増していれば問題はありませんが、世帯年収の増加はほとんど見られず、いくら住宅ローン金利が低くても、あるいは所得税などで優遇措置が受けられたとしても、一般庶民にはとうてい手が届かない存在になっていることは間違いありません。【図表24】

新築マンションが買えない、となればどうしても住宅が欲しい人は、中古マーケットに流れます。首都圏における中古マンション成約件数は２０２３年で3万５９８７

【図表22】首都圏の新築マンション供給戸数

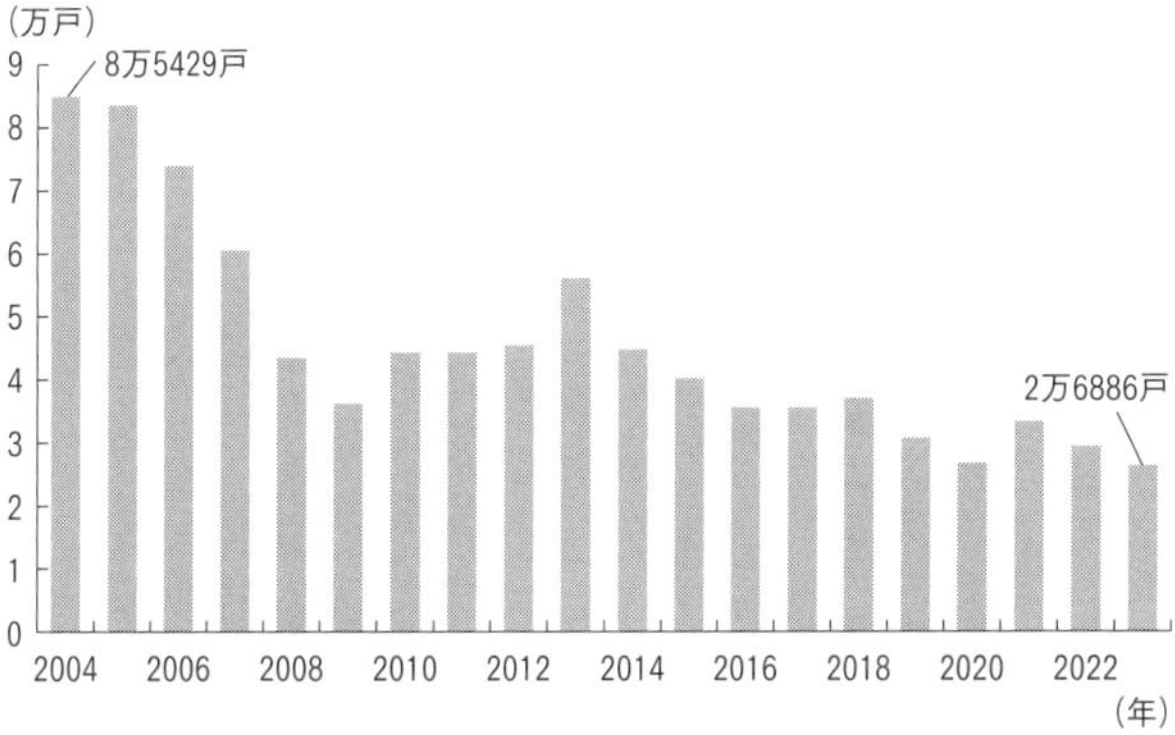

出所:不動産経済研究所

【図表23】首都圏の新築マンション平均価格・単価の推移

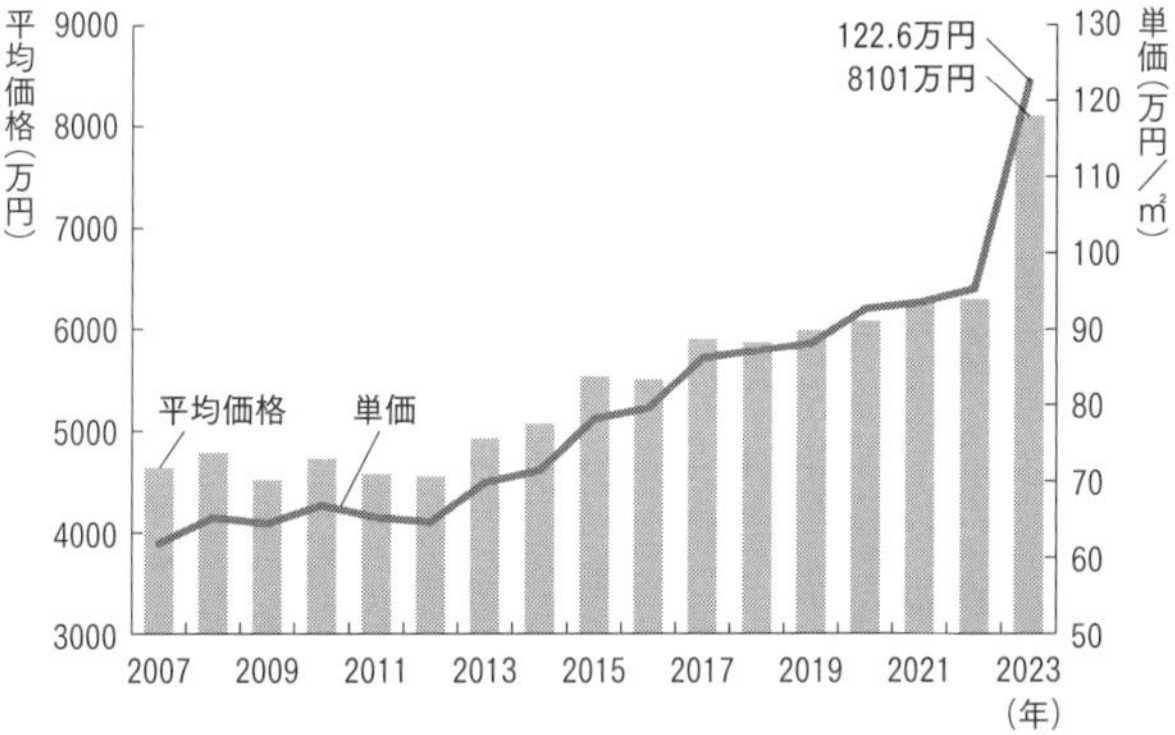

出所:不動産経済研究所

【図表24】世帯年収の推移

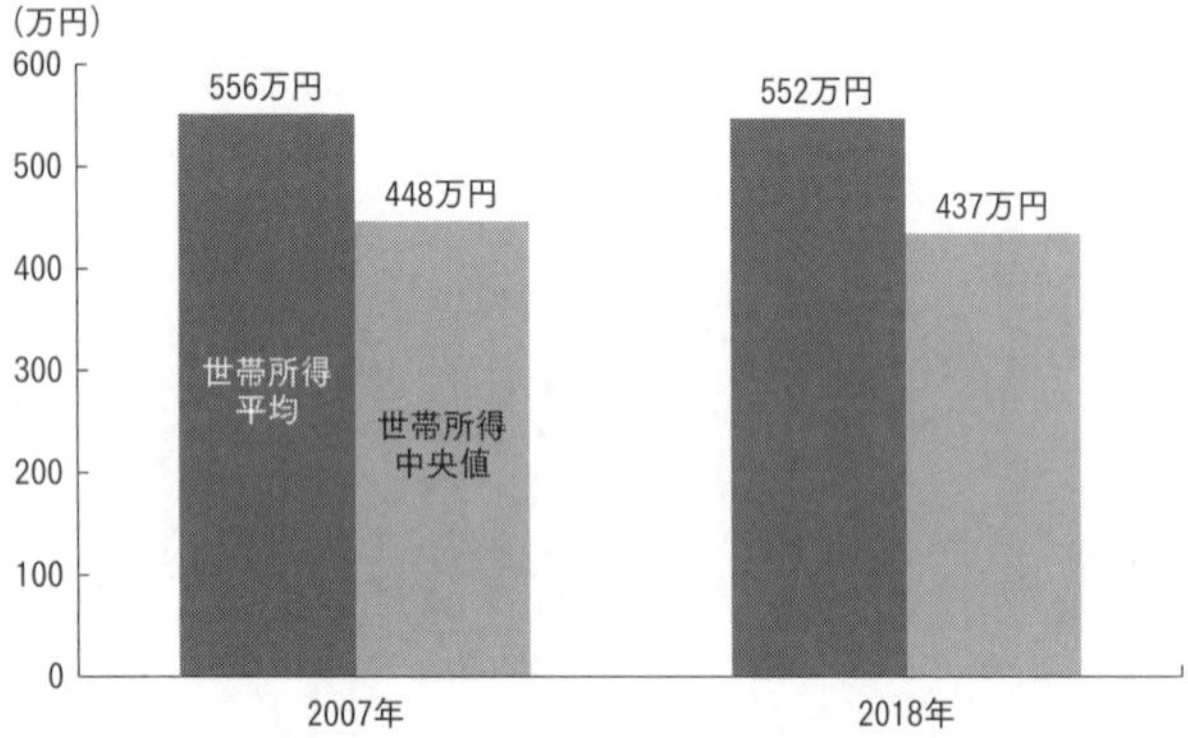

出所：厚生労働省「2019年 国民生活基礎調査」

戸とすでに新築マンションの年間供給戸数を大きく上回っています。平均成約価格は４５７５万円です。これを10年前の２０１３年の平均価格２５８９万円と比較すると76・７％もの大幅な値上がりです。新築マンションが手に入らない層が、中古マーケットに集まり、価格を引き上げている様が明確です。

中古戸建てはどうでしょうか。２０１３年では平均成約価格は２９２１万円でしたが、２０２３年は３８４８万円。マンションほどではありませんが31・７％の値上がりです。

なぜマンションは高騰しているのか

庶民の懐《ふところ》は相次ぐ増税や物価高で細るいっぽうなのに、なぜマンション価格の高騰が続いているのでしょうか。その理由については拙著『なぜマンションは高騰しているのか』（祥伝社新書）に詳しくご紹介していますので、本書ではポイントだけ解説します。

昨今のマンション価格の高騰理由は次の通りです。

①土地代、建築費の高騰
②デベロッパーは一般庶民を相手にしていない
③国内外の投資マネーがマンション投資で遊んでいる
④相続税対策にマンションを購入する高齢富裕層が増えている
⑤世帯年収1500万円以上のパワーカップルが頑張って買う

順を追って説明します。

新築マンションの価格は、マンションの敷地の購入代（土地代）と建物建設費に、デベロッパーやゼネコンの諸経費が加算されたもので形成されます。首都圏の地価は2013年以降の大規模金融緩和の影響で、コロナ禍の一時期を除いて上昇しています。いっぽう建設費はここ数年で3割から4割近い上昇になっています。建築資材のほとんどが輸入品であることから円安の影響、資材を運ぶ輸送費の上昇、人手不足による人件費の上昇などが主な原因です。マンションは建物代が総事業費全体の7割から8割を占めていますので、建設費の値上がりはマンション価格を直撃します。

建設費は都心でも郊外でも大きくは変わりません。この状況で郊外にマンションを拵《こしら》えても、庶民のお財布にマッチした金額になりません。そこで、デベロッパーは都心の高級マンションに照準を絞りました。値上がりに耐性がある富裕層に対して都心部の魅力的な立地にゴージャスなマンションを超高額で売る商売が確立していったのです。

さらに低金利状態の継続は国内外の投資マネーを呼び込みます。特に外国人投資家から見れば、諸外国の金利と日本の金利の格差拡大は円安となり、日本のマンションがとてつもなく安い、お得な物件に映りました。

そして国内で高齢富裕層が激増するなかで、相続を心配する彼らがすすめられたのがタワマン節税でした。マンションの時価と評価額の圧倒的な差を利用して相続評価額を圧縮しようという目論見《もくろみ》が高齢者をマンション投資に走らせたのです。

最後にこのマーケットに食らいついたのがパワーカップルです。夫婦共働きで世帯年収が１５００万円を超える彼らが多額のローンを組んで、現状では低利な変動金利、所得税控除などをフル活用してこのマーケットに参戦しました。

　これらの要因で、もはや新築マンションは一般庶民にとっては何をやっているのだかわからない、遠い国の世界のものになってしまったのです。

　新築マーケットから相手にされなくなった人たちが向かったのが中古マーケットであったのは、自明のことでした。でも中古マンションであれば何でもよいというわけではありません。立地や建物の築年数、間取り、環境などさまざまな要素のなかから取捨選択して選ぶ中古マンションに顧客が殺到すれば、価格は上がります。「中古マンション、おまえもか」のため息が出ているのが現状です。

　私も多くのメディアから「もうこの先、マンションは買えないのではないか」という取材を受けます。また「早く買わないとどんどん値上がりするので今のうちに買うのが必須ですよね」と問いかけられます。

　家は生活のステージです。いつが買い時かと言えば、買う必要がある時が買い時なのですが、どうも日本人の多くが未だに「家を買って資産形成をして金持ちになる」というステレオタイプな発想にこだわっているようにも見えます。

実は私はこの先、住宅マーケットは大きく変化をする。家を持つことはそんなに大変なイベントではなくなるという確信を持っています。それもここ数年のうちにほぼ確実に起こる一大変化があるからです。

マンションマーケットの仕組み

最初に整理しておきたいのが、今のマンションマーケットには一般実需層のマーケットと投資・節税マーケットの2つのマーケットがあることです。2013年以降の大規模金融緩和によって投資マーケットが刺激された結果、実需マーケットが大きな影響を受けました。新築マーケットから実需層の姿が消えたのです。

投資マーケットは金融マーケットと連動しています。したがって今後の新築マンションマーケットの成否を分けるのは世界の金融マーケットの動向です。たとえば金利が引き上げられていけば、投資家は不動産に対する期待利回りを上げざるを得ません。調達コストが上がるからです。期待利回りが上がるということは価格が下がるか、期待賃料が上昇するしかありません。投資の理論はシンプルです。買った物件でいくらの収入が得られるか、そして最終的に売却時にどのくらいの売却益が得られるかで、投資の勝ち負けが決定されるからです。そして期待利回りはたとえばもっとも安心な債券と言われる国債に対してどのくらいのリスクプレミアム（国債利回り＋α）を上乗せすれば投資として安全であるかから判断されます。金利が上がる、国債利回りが上がる、ということは期待利回りも上げておかなければならないと考えるのです。

期待賃料÷物件価格＝期待利回り

こうしたマーケットの変化に柔軟に対応していくのが不動産投資マーケットです。投資家はマンション購入を「投資」として割り切っていますので、たとえ損を出しても、リスク許容度が高い人たちです。でも一般人が投資家たちに翻弄《ほんろう》されてマンションを購入するのは、一緒に投資で遊ぶ場合を抜きにしてあまりおつきあいして良いことはありません。

いっぽう本当に家を取得したい人にとって、今後の首都圏でいったい何が起こるのでしょうか。結論を先に言いましょう。マーケットに大量の家が供給される時代が来るのです。

まさか、こんなにマンション価格が上がっているのに大量の家がマーケットに供給されるなんて、と多くの読者は思うかもしれません。もうすこし話を続けます。

900万人高齢者のインパクト

現在、首都圏には65歳以上の高齢者が905万人います（総務省「令和2年国勢調査」）。このうち約半数にあたる480万人が75歳以上の後期高齢者です。

首都圏の高齢者数は近年激増しています。2000年には480万人でしたから、20年間でその数は1・89倍になっています。同期間の首都圏人口は東京都が16・5％の増加、首都圏全体では平均して10％程度にすぎませんので、首都圏全域でいかに高齢化が進んでいるかがわかります。

見逃せないのが、高齢者単独世帯の増加です。生涯独身の人もいるでしょうが高齢夫婦のうち片方が亡くなり、高齢者が独居している世帯が多くを占めています。20年間で何と2・5倍（153・7％増）です。後期高齢者単独世帯に絞れば3・3倍（227・2％増）の激増です。

戦後から多くの人を集め続けている首都圏ですが、その世帯構成に大きな変化が生

【図表25】首都圏の人口・世帯の増加率（2000年→2020年）

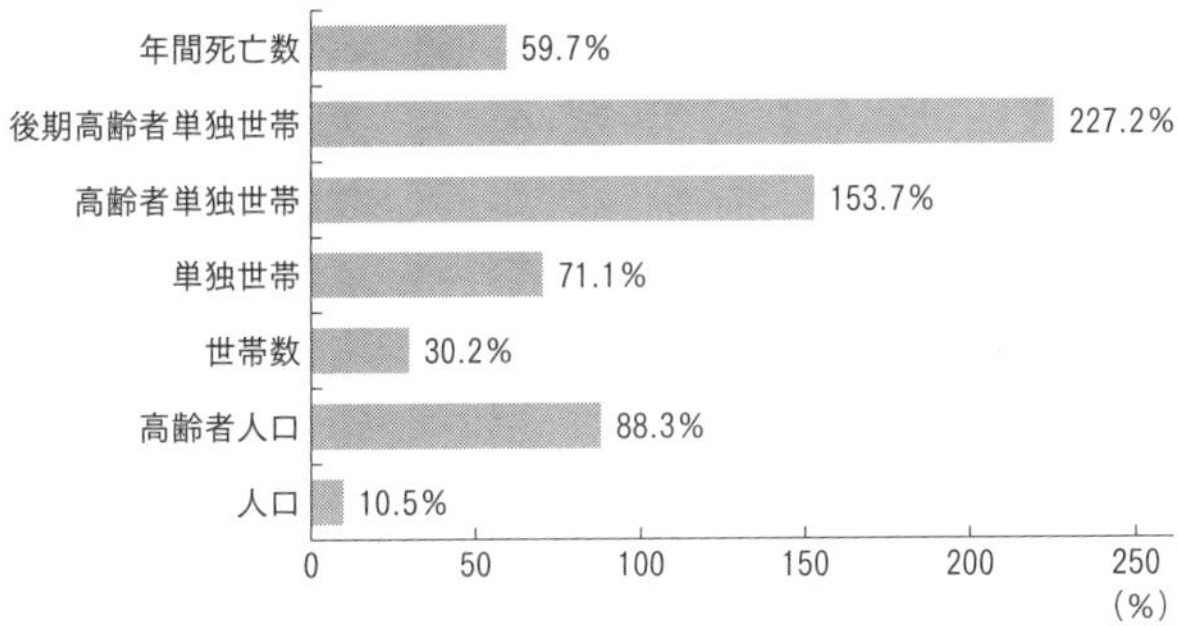

出所：各自治体の人口統計よりオラガ総研作成

じ始めているのです。単独世帯と言えば、以前は学生や結婚前の若い社会人の住まいと考えられました。ところが、この20年間の単独世帯の増加状況を見れば、単独世帯全体の増加率（７１・１％）をはるかに上回る勢いで高齢者単独世帯が増加していることが鮮明です。【図表25】

　高齢者単独世帯の増加がとりわけ顕著なのが、千葉県や埼玉県です。千葉県の高齢者単独世帯は２０００年には９万７０００世帯であったものが２０２０年には30万世帯と約３倍に。埼玉県は同９万７０００世帯から33万３０００世帯と３・４倍の増加を記録しています。このうち後期高齢者単独世帯は、千葉県で４万１０００世帯から16万５０００世帯と約４倍、埼玉県で３万９０００世帯から18万１０００世帯と約４・５倍に膨らんでいます。

単独世帯のうち高齢者単独世帯が占める割合は、２０００年では１都３県にあまり差は見られず、おおむね17%でしたが、２０２０年で見ると、東京都22・4%、神奈川県27・8%、千葉県29・9%、埼玉県31・1%とその比率に差が出始めています。今や、おひとりさま世帯の３軒に１軒は高齢者のおひとりさまが住んでいるのです。

最近では東京一極集中などと表現されますが、首都圏のなかでも人の出入りが激しく、若者層が集まるのは東京都だけで、周辺３県は高齢化が進み、高齢者単独世帯の割合が高くなっています。

戦後地方から首都圏に出てきた若者が、都内などで職を得て、結婚をして家族を成し、求めた家が首都圏郊外の家でした。猛烈ビジネスマンなどと言われ、家族のために粉骨砕身《ふんこつさいしん》働き、現在ではリタイアして老後生活を楽しんでいます。子供たちのほとんどは都心に出て、家からは独立しています。家に残されたのは夫婦２人きり。

そのうち、夫婦のうちどちらかが体調を崩し、病院に入院する、高齢者施設に入居する、亡くなるなどして高齢者単独世帯になっていきます。東京都を取り囲む、千葉県、埼玉県、神奈川県などで高齢者単独世帯が増える背景です。

団塊世代は人口ピラミッドのなかではボリュームゾーンを形成していて、首都圏では現在でも約１５５万人が住んでいると言われます。２０２０年段階のデータでは、まだ団塊世代は後期高齢者にカウントされていませんが、２０２５年までには団塊世代の全員が後期高齢者の仲間入りを果たします。後期高齢者単独世帯の割合はさらに高くなるものと推測できます。

さて、首都圏９００万人の高齢者、とりわけ半分を占める後期高齢者はこれからどうなっていくのでしょうか。嫌な話ですが、人が生物である限り死が訪れます。２０３０年と言うと何だか遠い先の話のように聞こえるかもしれませんが、ほんのあと５年ほどの時間です。75歳以上の後期高齢者の方々のうちのかなりの数が鬼籍に入ることになります。首都圏大量相続時代の到来です。

彼らが残していく戸建て住宅、マンションの行方はどうなるのでしょうか。言い換えれば大量の空き家予備軍があるとも言えますし、空き家にしておかずにマーケットで売却あるいは賃貸に供《きょう》する動きも加速します。その様子を見ていくことにしましょう。

世帯崩壊が始まる二次相続多発と空き家

空き家になるきっかけが相続であることはすでに触れました。では首都圏ではどのくらいの相続が発生しているのでしょうか。

2000年の相続件数、つまり死亡数は首都圏全体で21万2000件でした。20年後の2020年には39万2000件。何と84・9％も増えています。【図表26】

いっぽう首都圏における個人住宅空き家数はどうなっているでしょうか。総務省「令和5年住宅・土地統計調査」のデータによれば、首都圏の個人住宅空き家数は39万2000戸でした。20年後の2023年では66万900戸と、68・6％の増加となっています。内訳は東京都が21万4600戸（52・4％増）、神奈川県15万600戸（73・9％増）、千葉県15万8100戸（77・4％増）、埼玉県13万7600戸（82・5％増）とどの都県も順調にその数を伸ばしています。

高齢の単身者が亡くなると、その人が住んでいた家は賃貸住宅であれば、他のテナントに貸すことになりますが、持ち家の場合には相続人に引き継がれます。相続人は引き継いだ家に自らが居住する以外は、賃貸に供する、または売却する、という選択を行なうことになります。そしてどの選択も採用しないでいると家は空き家化します。

【図表26】首都圏の相続発生件数

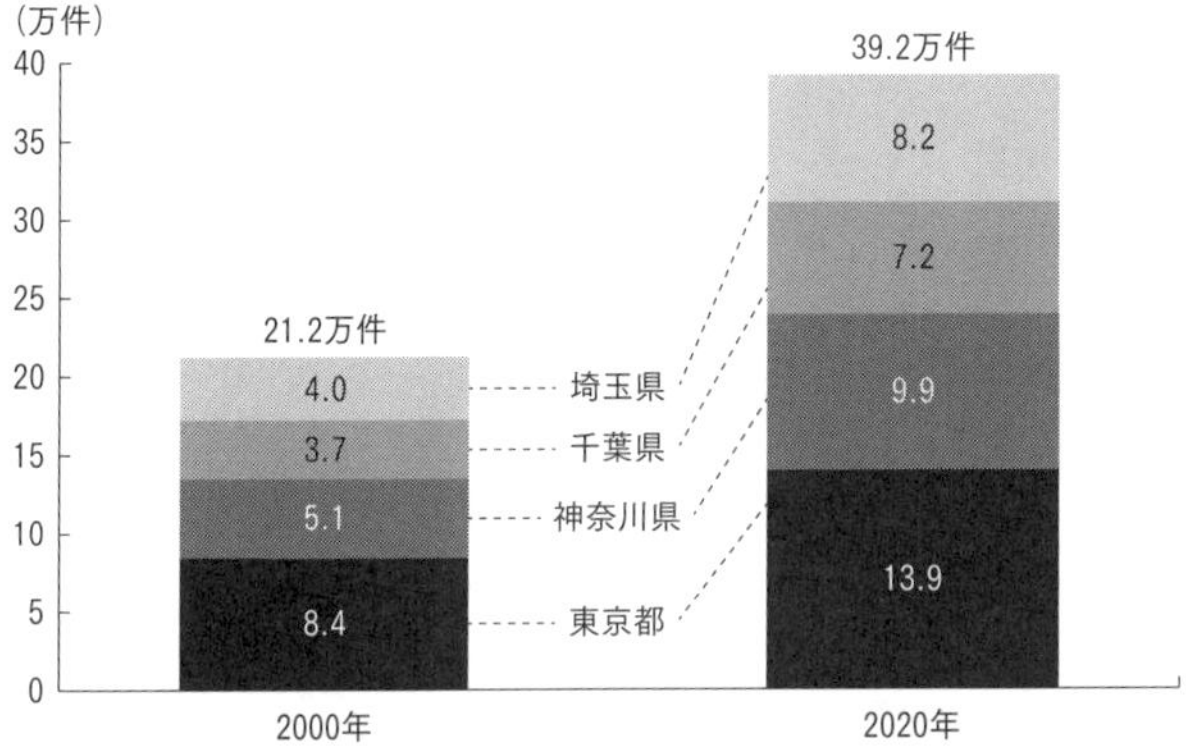

出所：国税庁「平成14年分 相続税の申告事績の概要」「令和4年分 同」

この20年間を振り返るに、比較的マーケットでの流動性が確保されているはずの首都圏においても大量の空き家が発生しているということは、家が余り始めていることを如実に示すものです。

２０３０年以降、首都圏では大量の相続予備軍が存在します。特に高齢者単独世帯は激増しています。単独ということは、同居をしている人がいないことを意味します。つまり相続で言えば、夫婦のうちの片方が亡くなる「一次相続」はすでに行なわれており、残されたもういっぽうの方が亡くなるという「二次相続」が大量に発生していくことが想像されます。

一次相続の時には、夫婦のいっぽうが残さ

れますので、引き続き家に住む、あるいは高齢者施設に入所しても家は時々帰って住む、物置として使う、などして残すことが多いのです。

また一次相続の場合は、相続税評価額を算定する際に特典があり、相続税を課されるような家はあまりありません。具体的には、配偶者特別控除と小規模宅地等の特例の2つです。

配偶者特別控除は配偶者が存命の場合、相続税評価額から一律で1億6000万円を控除できる制度で、多くの世帯がこの控除額を利用すれば、相続税を課税されなくなります。さらに自宅については小規模宅地等の特例措置が適用され、330㎡以下の住宅用敷地に関しては、相続税評価額を20％とする、つまり80％圧縮（減額）評価されます。都内の戸建て住宅が実家であっても、この2つの特例があれば多くの相続人は、一次相続のケースでは相続税を課されるケースは稀になるのです。

ところが二次相続が発生すると事態は深刻になります。配偶者はすでに亡くなっていますので、配偶者特別控除はそもそも利用できません。また多くの実家では、相続人に該当する娘や息子が同居していることは少なく、小規模宅地等の特例が適用されません。一次相続では配偶者が亡くなって住むところを相続税の支払いなどで売却せざるを得なくなるのを防ぐ意味で、特例があるのですが、相続人が一緒に住んでいた事実がないのならば、特例は適用されません。

この２つの特例が使えない二次相続においては、たとえば世田谷区内に一軒家があって、多少の預貯金があり、相続人が子供１人など少数の場合には、かなりの確率で課税対象になってしまいます。

１つの事例を紹介しましょう。被相続人である母親は区内の一軒家で１人暮らしをしていましたが、亡くなり、ひとりっ子の娘さんが相続することになりました。この家は土地が60坪、建物は36坪です。相続税評価額は、土地は路線価で坪あたり１５０万円、60坪ですので９０００万円。建物は固定資産税評価額で１５００万円でした。他には父親が相続していた地方の実家があり、土地と建物合わせて評価額は２６００万円。預貯金は手元に５００万円ほど。

相続税評価額を計算すると不動産、預貯金で1億３６００万円。相続人は娘さん１人でしたので基礎控除は３６００万円（３０００万円＋６００万円×法定相続人数）です。課税評価額はちょうど1億円。娘さんが負担する相続税は１２２０万円。相続する預貯金では足りません。地方の実家はなかなか買い手がつかないということで、世田谷区内の実家を手放すことになりました。このような事例は実は都内でも頻々に発生しています。

二次相続の際には多くの世帯で、相続税が課税されるケースが増えるものと予想されます。

ここまでお話ししてもまだわが家に相続税などかかるはずがないと思っている方は多いと思います。では相続が発生した世帯で実際に相続税が課税される割合はどの程度なのかを見てみましょう。

国税庁「令和4年分 相続税の申告事績の概要」によれば、当該年の死亡数は156万9000人、うち相続税が課税された被相続人数は15万8858人。課税割合は9・6％です。相続発生件数の約1割が課税対象になっています。

これを首都圏に絞ってみましょう。同年の課税割合は東京都18・7％、神奈川県14・3％、千葉県10・3％、埼玉県11・2％と全国平均を上回ります。さらに東京都にメッシュをかけます。

都区部が20・1％。課税割合の多い区は高いところから順に千代田区43・8％、渋谷区36・7％、世田谷区31・6％、目黒区32・6％、文京区30・0％、杉並区29・6

％です。なお島嶼部《とうしょぶ》（伊豆《いず》諸島および小笠原《おがさわら》諸島）を管理する芝《しば》税務署のデータが含まれる港区を除外していますが、港区も高い割合を示しているものと思われます。千代田区を別格としても、高級住宅地のほとんどでかなりの高確率で相続税が課税されていることがわかります。

高齢者単独世帯でこれから大量に発生する相続。そしてその多くで相続税負担を余儀なくされます。世帯崩壊の始まりです。

都内優良住宅が大量にマーケットに

世田谷区の戸建て住宅の相続事例でも触れたように、今後首都圏では高齢者単独世帯の多くで相続が発生します。被相続人が多くの金融資産を保有していれば、相続人はそのなかから税金分を賄えばよいです。しかし、相続財産のなかに高額で評価される不動産（たとえば実家）があって、預貯金が少ない相続人の場合、納税資金の調達に悩むことになります。

納税のために実家を売却せざるを得ません。これからの二次相続の多発は、金融資産はあまりないけれど、世田谷区や渋谷区などに実家があるような相続人が実家を手放す可能性がかなり高くなることを予告しています。

仮に金融資産のなかから相続税の支払いができた相続人でも、親が残した実家をどうするのかという問題に悩むことになります。高齢化社会においては被相続人の年齢は80代から90代。相続人は50代から60代が主体です。すでに都内などに家を確保しているケースも多く、実家に移り住む動機は薄いのです。自身が住まずに放置することも考えられますが、首都圏、とりわけ23区内の家であれば流動性が確保される可能性は高いです。賃貸して継続的に賃料を収受し年金の足しにするもよし、売却して譲渡益を確保し老後の生活資金に充当するもよし。相続人には実家を手放す動機がたくさん出てくるはずです。

近年、首都圏でも個人住宅空き家が激増していますが、空き家のまま放置し続けられる人ばかりではありません。特に不動産価格が高い首都圏では、親が残した実家はいくら固定資産税の減免があるからといっても、地方の実家と異なり、相応の税負担、維持管理コストの負担が求められます。

またこれからは親の実家がマンションという事例も増えてきます。空き住戸のまま放置すれば、毎月否応なしに管理費、修繕積立金の納付を求められます。通常のファミリータイプのマンションであれば管理費、修繕積立金合計で月額3万円から4万円程度。年額にすれば40万円から50万円。これに固定資産税、都市計画税が加わりますので、空き住戸のまま放置するにはあまりに高い維持費となります。

おさらいをしましょう。首都圏では高齢者単独世帯が激増。そのうち後期高齢者（75歳以上）の単独世帯割合が非常に高い状態。この方々が今後5年から10年で鬼籍に入る、つまり相続が発生する。一次相続ではクリアできた相続税も二次相続ではクリアできずに相続税が発生。主《あるじ》のいなくなった首都圏内の実家は一部が放置空き家となる。だが地方の家と比べて税金や維持管理費が高い首都圏、とりわけ都内では、空き家にしておく余裕がある家は少ない。また相続税の負担を金融資産のみから拠出できない相続人は、必定《ひつじょう》親の家を売却、または賃貸に供《きょう》せざるを得ないことになります。

これからの選択、賃貸戸建て

すでにこうした事態を先取りして新しい事業にしている会社が現れています。不動産ファンドマネジメント会社大手ケネディクスは、２０１９年９月に戸建て賃貸住宅シリーズ「Ｋｏｌｅｔ《コレット》」ブランドを立ち上げました。相続等によって首都圏で実家などを手放さざるを得なくなった相続人等から物件を取得。大手ハウスメーカーと組んで戸建て住宅を新築して、これを賃貸しています。買収資金は専用の投資ファンドを組成して、運用商品として投資家のお金を募《つの》っています。

「読売新聞オンライン」の報道（2023年7月19日付）によれば、2023年6月現在で首都圏に1943戸を展開し、そのうちの半数が東京都内の物件だとしています。月額賃料は10万円台から30万円。稼働も絶好調だそうです。

貸し出す住戸はスマートホームになっています。スマートホームとはスマートフォンやセンサーによって便利、快適、安全を提供する住宅です。具体的にはスマートフォンによる家電製品のオン・オフ、スマート宅配ボックスによる宅配物の受け取り、お知らせ、ペットや子供の見守り、留守中の警備機能などがあり、マンションに劣らないセキュリティ機能を具備しています。

戸建て住宅の良さは、子供やペットがいるファミリーにとって、周囲にあまり気兼ねなく、のびのびと生活ができることです。リモートワークが定着している職場も増えていることから、マンションのような駅徒歩10分以内などといった制約も少なくなっている世帯の需要を着実に取り込んでいます。

実は戦前までの日本は持ち家であるのはほとんどが農家でした。東京や大阪に住む多くの市民が借家だったと言います。麗澤大学経済学部太田秀也《おおたひでや》特任教授によれば、昭和16年の東京市（現・23区）の賃貸率は75%、大阪市に至っては91%だったと言います（「土地総研メールマガジン」第52号）。庶民の生活舞台は普通に借家であり、自宅を所有するのはごく一部の富裕層にすぎなかったのです。

首都圏で大量の住宅が賃貸向けに拠出されることで、賃貸料が日々の生活水準に見合うレートに落ち着いてくれれば、持ち家にこだわることなく、借家で暮らす人たちが増えても不思議ではありません。

漫画『サザエさん』の一家は世田谷区桜新町《さくらしんまち》の戸建て住宅に住んでいましたが、借家だったという説があります。波平《なみへい》さんやマスオさんと大家さんの会話が頻々に取り上げられているからです。その真偽はともかく、賃貸戸建てという今ではあまりなじみのない生活スタイルが首都圏に住む市民のごく一般的なものになる可能性を秘めているのです。

2030年以降に起こる大変化

首都圏で確実に発生する大量相続。そして多額の相続税を支払うため、あるいは自身では所有し続けて居住する予定のない戸建て住宅やマンション住戸が売却されます。売却しないものでも賃貸として運用するために賃貸マーケットに登場します。

今時点ではまだ絵空事のように思えるかもしれませんが、いつまでにどのようなシナリオで大量の中古住宅がマーケットに登場してくるのでしょうか。

東京都政策企画局「2060年までの東京の人口推計」によれば、東京都人口の自然増減（出生数－死亡数）はすでに減少に転じています。2011年から2015年まではほぼ増減なしでしたが、2015年から2020年で15万人の自然減です。今後は2020年から2025年で25・6万人、2025年から2030年で33・5万人、2030年から2035年には40・6万人の減少となります。

死亡数については、2006年から2020年までの15年間で172・5万人であったものが、2020年から2035年では243・7万人と40％もの増加となります。【図表27】

2020年から2035年の死亡数は、年平均で16万人です。ちなみに2020年

【図表27】東京都の人口の自然増減

期間	出生数	死亡数		自然増減
2006～2010年	53.0万人	49.4万人	172.5万人	3.6万人
2011～2015年	55.0万人	55.1万人		−0.1万人
2015～2020年	53.0万人	68.0万人		−15.0万人
2020～2025年	50.0万人	75.6万人	243.7万人	−25.6万人
2025～2030年	48.0万人	81.5万人		−33.5万人
2030～2035年	46.0万人	86.6万人		−40.6万人

※自然増減＝出生数－死亡数
　2015年以降は予測値

出所：東京都政策企画局「2060年までの東京の人口推計」

が12万人ですから、今後加速度的に死亡数が増えていくことが想像されます。

高齢化の進展が速い他の3県も含めて考えると首都圏では２０２０年の死亡数33万９０００人がこの先15年平均で30％から40％増加していくことが想定されます。数にして45万人から50万人程度、15年間で６７５万人から７５０万人の相続が発生することになります。

首都圏の持ち家率はおおむね55％（関東大都市圏）ですから、今後15年間で３７０万～４１３万件の自宅が相続対象物件となります。年平均で25万～28万件です。このうち、どのくらいの割合で不動産マーケットに登場するかはわかりませんが、かなりのインパクトをおよぼすことは間違いありません。

なぜなら、現在の首都圏における新築マンション供給戸数はわずか２万７０００戸弱、中古マンション成約件数は3万6000戸弱、中古戸建て住宅成約件数は1万3000戸弱、合計約7万6000戸にすぎません。相続対象物件の3割がマーケットに新たに登場してくるだけで8万戸。その供給圧力の大きさが想像できます。

この計算はあくまでも年平均にすぎません。現実的には年が進むにしたがって、供給量が増えていくものと考えられます。

すでに首都圏では東京都を除く3県では人口の減少が始まっています。東京都ですら都全体人口は2025年、都区部に限っても2030年が人口のピークとされています。世帯数こそ増加を続けてきていますが、今後は若年人口の減少、高齢者単独世帯の死亡等による減少など人口増だけでなく世帯数増を保っていくことにも限界があります。2030年を軸に前後3~5年にこの大量相続問題が世間を賑《にぎ》わせるようになるはずです。

地域的には、まず都区内の住宅地がスタートです。世田谷区、目黒区、文京区、杉並区、大田区、練馬区などの戸建て住宅がポロポロと売りまたは賃貸に出てきます。戦前・戦後まもなくに東京に出てきた人たちが最初に家を構えたのがこの近辺です。戦前・戦中世代の所有者が多いエリアです。この人たちはすでに80代半ばから90代。ここ5

年から10年でほぼ確実に相続が発生していきます。このエリアは比較的富裕層が多いので、相続人がそのまま所有を続けるケースも考えられますが、相続税の納税用に売却する、賃貸マンション、賃貸戸建てとしてリニューアルを施して運用するなどの事例が多発しそうです。

　さらにこの流れは3県のニュータウンに広がります。団塊世代以降は急速に地価が上昇した東京を離れ、１９８０年代から１９９０年代にかけて郊外ニュータウンに家を構えました。この世代で相続が発生すると、すでに流動性を失っているエリアでは空き家が増加。そうでないエリアでは売却物件が急増するものと考えられます。

　団塊世代以降で相続が発生し出すのは２０３５年前後からです。この頃になると３県の人口減少は顕著になります。ニュータウンでもよほど特徴のあるエリアでなければ、家の流動性を確保できるところはごくわずかになります。ましてや賃貸需要も望み薄なので、ゴーストタウン化が進むところが多くなるでしょう。

　不動産マーケットを彷徨《さまよ》うことになるのは戸建て住宅ばかりではありません。三菱ＵＦＪ不動産販売の調べでは首都圏のマンションストック数は東京都の２００万戸を筆頭に１都３県で３９５万戸に達していますが、このうち築30年超のマンションが１

52万7000戸存在します。これらのマンションのほとんどが2030年には築40年超になります。都心物件はともかく、郊外にある多くの築古マンションで相続などをきっかけに賃貸や売却に供される住戸が多数登場してきます。空き住戸にしていると、管理費や修繕積立金の支払いから逃れることができないからです。

「家は資産」という日本人のDNAにしっかりと組み込まれてきた不動産神話が崩壊するのが、これからわずか5年から10年で起こる現実なのです。持っていればまた上がるかもしれない、家の片づけが面倒なのでとりあえず空き家にして管理していればよい、などと問題の先送りを続けていると、どうでしょうか、いざ処分をしたいとなった時に不動産マーケットはその姿を大きく変えている可能性が高いのです。

個人住宅空き家は、首都圏にあっても近い将来出口を見つけることができない負動産化するリスクが年々増していく存在です。空き家は早めに出口を探しておかなければ将来さらに厄介者になります。

でも見方を変えると、これまで人生で得られるはずの収入のほとんどを住宅購入に注ぎ込んでいた日本人にとって、家なんてどこにでもある単なる消費財となる時代がすぐそこまで来ていると言い換えることができます。次世代にとっての住宅を考えてみましょう。

Ｚ世代で、「家問題」はなくなる

現在、社会の働き手から昭和世代が徐々に退場を始めています。企業のなかでバリバリと前線で働く30歳から40代の多くが、ミレニアル世代と呼ばれる１９８１年から１９９５年生まれの人たちです。人口は約２０００万人。彼らの父母が購入した大都市郊外の家で育ち、都心部の学校を卒業、就職した世代です。

基本的に大都市から出た記憶はなく、育った環境もほぼ同じ。夫婦共働きは当たり前で都心居住志向。なるべく良い学校に入り、良いと世間で言われている会社に就職。新築、中古のこだわりはあまりないものの、家は買うものと考えていて、彼らの親世代からは考えられないほど高額になったマンションでも夫婦でペアローンを組んででも買う。自分たちが育った郊外に住むことは眼中になく、都心部のできれば将来値上がりしそうなマンションを選択。会社までの通勤時間という無駄をなるべく省きたいと考えます。

特に出世したい意欲もないけれど、人生無事、恙《つつが》なく生きていきたい。思想も、どちらかと言えば親世代よりも保守的。今の暮らしが満足であればよく、海外に積極的に出かけようとも思いません。

仕事よりも家庭を重視する傾向にあり、男女平等は当たり前、会社の飲み会よりも家に帰って家族で過ごすことを優先する世代でもあります。

会社ではコンプライアンス重視、ハラスメントはもってのほか。体育会系イケイケのオヤジ上司には、表面上はへつらっていても内心ではバカにしています。基本的には会社に忠実ですが、無理に売上、利益を上げようとも思っておらず、嫌ならあっけなく辞めて別の会社に転職することも辞さない。

恋愛にも積極的ではなく、おひとりさまはごく普通の存在。むしろ恋愛にかかわることで起こるゴタゴタや傷つけあいは避けたいと考えています。

家族や仕事に対する価値観は、彼らの親世代にあたる昭和世代とはだいぶ異なりますが、共通するのは家を持つ、という持ち家志向でしょうか。彼らは計算高いので、持ち家と賃貸でどちらが得かといった思考をします。あまり将来がどうなるかを綿密に分析するというよりも現時点での両者を比較して、「持ち家のほうが得」という結論を出します。ちなみに食事をする時でもSNSにおける評価ポイントの高低でお店の選択をします。何においてもまずランキングを眺める、他人の評判を重視して決める傾向があるのもこの世代の特徴です。

そして彼らが働く職場にそろそろ登場し始めたのがZ世代と呼ばれる人たちです。いくつかの定義はありますが本書ではこの世代を１９９６年から２０１２年に生まれた世代とします。日本の国力がピークを迎えたとされる１９９５年以降、そしてアベノミクスがスタートする２０１２年までの17年間に生まれた人たちです。人口で言えば約１９００万人。現在（２０２５年）の年齢にすると13歳から30歳。中学生から社会人８年目くらいといった人たちです。

この世代の特徴は生まれた時から携帯端末、タブレットがあり、それらは使い方を学ぶというよりも、普通の生活道具として手元にあったというものです。彼らはスマホを扱って日々の生活を楽しみます。自らを演出することを好み、ＳＮＳを利用して情報を発信。YouTubeが日常であり、テレビや新聞、雑誌というものの存在すらほとんど意識していないように見えます。

逆に言えば、スマホとタブレットの画面のなかだけで必要な情報の受発信を行なっているために、パソコンは不得手。ワードやエクセル、パワポといった企業人であれば当たり前に使いこなせるソフトに手を触れてこなかった人たちです。

コスパ（コストパフォーマンス）やタイパ（タイムパフォーマンス）を重視し、大量の情報のなかから常に自分に必要なものだけを選択して吸収することに長《た》けています。話題となった映画やドラマなどは、2倍速、3倍速で視聴。話題作を「観た」という事実が重要であって、昭和世代のようにドラマについて、あるいは映画を作る監督や脚本家にこだわって、蘊蓄《うんちく》を語るようなことはしません。

そんな特徴を持つZ世代ですが、彼らはミレニアル世代以上に柔軟な思考性を持っていて、贅沢に対する憧れがほぼないのではないかと思われるほど謙虚、質素です。

私の会社では地方創生の一環として、東京大学の体験活動プログラムに参画して、現役の学生さんたちと地方生活をご一緒する機会を持っていますが、彼らの多くが首都圏で何一つ不自由しない生活を送り、こちらが面食らうほどに大人しい人たちです。

そして彼らと住宅の話をすると、ほぼすべての学生は「家を持つ」ことにあまり興味を持っていないように映ります。もちろん年代的にまだピンと来ないところもあるのでしょうが、家が資産になる、というミレニアル世代が信じているような志向は感じられません。

それはそうです。彼らは都心で生まれ育ち、しかも家という存在は生まれた時からある「当たり前」のものだからです。当然、これからの将来学校を卒業し、仕事を得て、家族を持つこともあるのでしょうが、本章で見てきた通り、首都圏でも大量の優良住宅がマーケットに陳列されている時代を迎えます。

彼らはもはや会社に通勤するというスタイルからもかなり解放された時代を生きることになります。相続を契機にマーケットにあふれ出た家のなかから、気軽にスマホでタイパやコスパの良いものを選ぶようになることでしょう。

そして彼らが社会の中心に躍り出た時、きっと、

「え？　家ってローンを組んで買うものだったの？　コスパ悪すぎ」

と嘯《うそぶ》くことになるのです。

第7章

空き家をなくすために

――日本の都市計画と住宅政策の根本改革

コンパクトシティ

毎週日曜日の夜、テレビ朝日系列で放送される「ポツンと一軒家」という番組があります。タレントの所《ところ》ジョージさんと、林修《はやしおさむ》先生が日本中に点在する、周りには誰も住んでいないような一軒家に住む住民を紹介し、その生活ぶりをレポートするものです。2018年10月からレギュラー番組になって以来、6年以上になりますので人気のある長寿番組と言えます。

テレビスタッフが車1台やっと通れるような狭《せま》い道を登っていく先に突然現れる一軒家。生活上の不便さはあるものの、自然環境に恵まれ、ほぼ自給自足に近い生活を送る姿は、特に都会に住む人たちから見れば、驚きと同時にその自由な生活ぶりにある種の羨望がある。そんなギャップも演出の肝《きも》になっています。

しかし、すこし見方を変えると、かなり山奥にあるポツンと一軒家にも、多くのケースで電気が引かれていることに気づきます。またアプローチする道はいちおう舗装され、小川には橋が架《か》けられています。私道ではなく公共道路である限り何らかのメンテナンスが施されているはずです。

私の知人である霞《かすみ》が関《せき》の役人の1人は、

「『ポツンと一軒家』は番組としてはおもしろいのだけど、ああいう生活をしている人を美化しないでほしい。だって彼らのために生活インフラを整えるコストは半端《はんぱ》ない。できれば、山から下りてきて街に住んでほしい。正直、中山間《ちゅうさんかん》地域のインフラをいつまで維持できるか本当に心許《こころもと》ない」

と言います。国土の均衡的な発展を是とする霞が関の役人でも、もはや「ポツンと一軒家」をおもしろいというだけの感想で観《み》ることができなくなっているのが日本国の現状です。

現在、国では国民が住む場所を集約化しよう、という方針を掲げています。2014年8月に、都市再生特別措置法が改正され、立地適正化計画の策定を各自治体に求めるようになりました。

その趣旨は、人口減少、高齢化の状況を踏まえ、地域のなかで市街地、公共街区など拠点整備を行なったうえで、都市機能誘導地域、居住誘導地域を定めて、生活サービス機能の集約、地域に住む人々の集住を促進しようとするものです。こうした考え方をコンパクト化と呼びます。

地域内で際限なく広がってしまった人口を再び市街地に呼び戻そうという動きです。

コンパクトにすると言うと、縮小均衡させるイメージが強くなってしまうのですが、逆の表現をすれば、人の密度を上げるということです。1カ所に多くの人が集まると、そのこと自体は窮屈な話ですが、1つのサービスを短時間に狭い空間で一斉に提供できるメリットがあります。

仮にみんなが分散してポツンと一軒家だらけになってしまうと、1つのサービスを提供するのに多大なコストがかかってしまいます。現在各自治体は人口減少と、高齢化で稼ぐ人が減り、税収が落ち込んでいます。市民に均質なサービスを行なおうにも、居住エリアが広大だと、提供効率が格段に落ち込んでしまいます。

特に高齢社会になれば、介護や福祉といった人手を要するサービスが中心になります。市民を1カ所に集住させることで、適切なサービスを提供できます。また民間レベルでも第3次産業であるサービス業は一定の範囲のエリアに一定の数の顧客がいることで、サービスが効率的に提供できます。ちなみにコンビニエンスストアが出店する際に基準となるのが半径500m圏内に3000人の商圏人口があることだと言われます。1haあたり40人くらいです。この程度の集住が実現できれば、少ない人数でも街としての運営ができるのです。

人が集住することで消費が生まれやすくなり、消費が活発化すれば新たな投資を呼び込むこともできます。人の出入りによって経済が循環することはこれまでにお話しした通りです。また電気、ガス、水道、通信などのインフラ設備の整備もコンパクト化することによって維持管理コストの削減につながります。

今後はこれまで一生懸命整備してきた道路、橋といった公共施設も、老朽化にともなう改修、更新が課題になります。ほとんど誰も住んではいないが、ポツンとひとりだけが住んでいるがために、予算を振り向けなければならない事態を避けていかなければ、自治体財政を持たせることはできなくなっているのです。

人口確保のための開発放置は止まるか

集住化を図るいっぽうで大切なことは市民の足、移動手段を確保することです。コンパクトシティの代表的な事例である富山県富山市はLRT（Light Rail Transit）という次世代型路面電車システムを採用。市民が自由に外に出て移動ができる手段を用意しています。同じような試みは今、全国的な拡《ひろ》がりを見せています。

2023年3月末時点で立地適正化計画について具体的に取り組むことを表明した

自治体は747都市におよび、そのうち568都市が計画の作成、公表を行なっています。また作成、公表を実施した自治体のうち291都市で防災方針についても記載を行なっています。

ただいっぽうで、立地適正化計画を提出して本格的なコンパクト化を進めなければならないにもかかわらず、多くの自治体で市街化調整区域という基本的には住宅の建設ができない地域においての宅地開発を認めている、あるいは推進しているというのが実態です。

都市計画法には開発許可制度の内容が定められていますが、この法律の第34条11号ならびに12号に、次のような記載があります。条文は面倒くさい書きぶりですので要約します。

11号：市街化調整区域であっても、市街化区域に隣接近接しているエリアで50棟以上の建物が連坦《れんたん》（続いて建っている）しているようなところであれば、環境保全などの制約がなければ建物を建ててもよい

12号：市街化調整区域であってもその土地に20年以上暮らしている6親等以内の家

族がいて、自分はそこに居住しておらず当該地に家を建てたい場合は認められるケースがある

要は市街化調整区域の隣接、近接地であるとか、親戚が住んでいればかなりの確率で家を建てることができるということです。それどころか、人口維持を図りたい自治体のなかにはこの条文をかなり柔軟に解釈してむしろ宅地開発を幅広に認めているところが多いのが実態です。何とか人口減少を止めたいがゆえに、都市計画なんぞはとりあえず無視して乱開発に手を貸す自治体が意外に多いのです。

また都市機能の誘導を図るために公民館やホール、美術館などのハコモノ建設することが目的化し、地域としてどんな生活スタイルを提唱したいのか、中心市街地に住んで市民は何をして生きていくのか、生活のソフトウェアに考えがおよばない自治体が多いようにも感じます。

コワーキング施設を用意すれば、都会からIT系技術者や若者がいっぱい来てくれるのでしょうか。地域としてどんな人材を呼び込みたいのか、コンテンツ作りに考えがおよんでいなければ、年寄りだけが集まって、

「何だか味気ない、つまらないのう。元の場所に戻りたい、戻してくれ」になってしまいます。

またこうした誘導には市民の合意が大切であることは論を俟《ま》ちませんが、すべての市民の合意を得ることは合理的ではありません。むしろ年限を決めたうえで集約化を決めていく、多少強制力を持たせた方法でなければ絵に描いた餅になる危険性を秘めていると言えましょう。

そうした意味でこれまでの都市計画法で定められる居住地域の定義は、現代の実情に合わせて改変し、市街化区域の範囲を今よりも狭め、市街化区域以外の地域での居住を厳しく制限する方向にしなければ、コンパクト化の進展は遠い道のりとなるでしょう。

3世代が暮らせる街

俗に江戸っ子の定義として「3代が江戸に生まれて江戸で育ったこと」とされます。京都などでは応仁《おうにん》の乱《らん》(1467年)以前から住んでいなければ、しかも洛中《らくちゅう》(市中)でなければピュア京都人とは呼ばないなどと言われます。これは京都らしいかなり

「いけず」な表現ですが、街を形成して、その街に愛着が生まれコミュニティが醸成されるためにはおおむね3世代にわたって同じ街に住むことが必要条件だと思われます。

ニュータウンでは、戦後に東京などの大都市圏にやってきた父親1代で家を買い、そこで育った子供たちは家を出たあとに実家に戻ることなく、父母が高齢者施設に入る、亡くなるなどすると空き家として負動産化しています。これはもはや街とは言えないものでしょう。

湘南《しょうなん》エリアには3世代にわたって居住している家族が多いと言います。もともとが政治家や文人、財界人などの別荘地として開発されたエリアですが、土地の区画が広いのが特徴です。藤沢市の鵠沼《くげぬま》エリアなどは1区画が数百坪から1000坪を超えたことから、子供が離れに家を建てる、2世帯住宅に建て替えるなど、複数の世代が暮らすことができる素地があったのです。また風光明媚な景勝地であり、気候は温暖、東京に通勤も可能ということで、学校を卒業した子供たちが再びこの地に戻って世帯を構えるケースが多いのです。

3世代とは祖父母、父母、そしてその子供たちです。同じ時代を生きることができる3世代であれば、街についての共通の話題ができます。そして3世代がたとえば同じ小学校や中学校で学ぶ、同じ公園や海、川、山野で遊ぶ、などの共通体験ができるということは街に対する共通の想いができあがり、街に対する親近感、プライドが醸成されます。

こうした街づくりをはたしてタワマンや市街地再開発事業で実現できるでしょうか。タワマンで言うところの資産価値とはしょせん、金銭的な交換価値にすぎません。いっぽうで3世代が共有化する街という存在は、金銭的な価値には替えられなくても、精神的な効用価値を持つことができるのです。

例外中の例外、成功しているニュータウン

1970年代に建設された都市部郊外のニュータウンの多くがそれを買った親世代の1代限りのもので、街は高齢化し、活力を失っていく状況に陥るなかで、奇跡的に今でも成長を遂げている街があります。千葉県佐倉《さくら》市にある「ユーカリが丘《おか》」です。

ユーカリが丘住宅地は1971年に、デベロッパーの山万《やままん》によって開発が始められました。山万という会社は、元は大阪の繊維問屋であったものが、1964年に本社を東京に移転、以降住宅開発分譲業に進出したという変わり種のデベロッパーです。

山万は1979年からユーカリが丘の分譲をスタートさせますが、その開発手法は大変ユニークなものでした。多くの自治体や民間宅地開発業者は、開発して分譲してしまったら「はい、おしまい」という「分譲逃げ切り」型のビジネスモデルであるのに対して、山万は長期にわたって住宅をすこしずつ分譲していく「成長管理」型とも言えるビジネスモデルを採用したのです。新規住宅分譲は、年間200戸程度に抑え、分譲地全体の年齢構成や街の発展の度合いに目を配りながら、街そのものの運営をしていくのが山万スタイルの開発です。

ユーカリが丘は、東京都心からは京成電鉄を利用して、「ユーカリが丘」駅まで50分ほどかかります。普通のデベロッパーであれば、ここに広がる広大な住宅地に住宅を一気に分譲し、住民たちは、市営のバスや乗用車などで駅にアクセスすることになります。ところが山万は住宅を分譲するだけでは飽き足らず、住宅地内を循環するモノレール（AGT）山万ユーカリが丘線を自前で敷設し、駅から各住戸への利便性を向上させたのです。デベロッパーがモノレールという鉄道を持つことは、異例中の異例。敷設にあたっては当時の運輸省（現・国土交通省）が難色を示したと言いますが、1982年の開業以来、人身事故もなく住民の足として定着しています。当初は開発地である佐倉市が市営バスを運行する意向を示したそうですが、環境問題を理由に山万は市の申し出を断わったと言います。そのうえで2013年、モノレールの補助交通機能として、早稲田大学や昭和飛行機工業などと共同で、日本初の非接触充電型電気コミュニティバス「こここら号」の運行を開始します（2020年より「こあらバス」に移行）。

山万は環境への配慮を大きなテーマにしており、街のなかには電気自動車やバイク用の給電スタンドを設置。電気自動車のカーシェアリングにも早くから取り組んでいます。また分譲する戸建て住宅は、太陽光発電パネルを実装し、環境負荷の少ない街づくりを計画的に進めています。

毎年すこしずつ、宅地分譲、戸建て分譲にマンション分譲を組み合わせて計画的に街づくりを進めてきた結果、この街の人口は年々増加し、今では人口1万8943人、8100世帯（2024年4月末現在）を擁《よう》する一大タウンに成長しています。分譲終了時から数年が人口のピークで、以降は衰退の一途をたどる他のニュータウンとは異なり、ユーカリが丘は持続可能性を持つ驚異のニュータウンになっているのです。常に新しい技術、コンテンツを導入して街全体を活性化させているという点ではニュータウンという称号を掲げ続けているとも言えるでしょう。

街が発展している証拠は、40年前から分譲しているのにもかかわらず、2016年6月にはイオンタウンが新たにオープンしていることからもわかります。

このエリアの子供（0歳から9歳）の人口は2011年に1298人だったものが、2020年には1808人、何と39％もの高い伸びを示し、ここ数年の新規購入者のプロフィールを見ても、30代の若いファミリーが中心です。

山万は、ただ単に住宅を小出しに分譲しているだけではありません。街としてどういう機能が必要になるか、街の成長と共に考えているところに特徴があります。タウン内には、総合子育て支援センターや保育所、老健、グループホーム、温浴施設、映画館、ホテルまでをすべて揃えています。まるで街の行政のような事業展開をしているのです。街中《まちなか》を老若男女みんなが楽しめる稀有《けう》な街を創るのが、彼らの目的だからです。

人生にはいろいろなステージがあって、そのステージごとに住みたい家、環境は変わってくるはずです。こうしたニーズに対して山万は、「ハッピーサークルシステム」というシステムを採用しています。戸建て住宅からタウン内の老健に移り住む高齢者の家を買い取りリニューアルしたうえで、若い世代に再販売することで、街のなかでのライフサイクルを自らが手がけています。その結果、この街で育って社会人になり、一度は街を出た子供たちが、家族を持って再び街に帰ってくるようになったという、これまでのニュータウンではありえなかった事象まで起きています。

まさに3世代が同じ街に暮らせるシステムを自らサポートしているのが、ユーカリが丘において山万が実施しているタウンマネジメントです。おそらくこの街は、サステナビリティ（持続可能性）を今さら掲げて街づくりを標榜する大手デベロッパーとはそもそもまったく異なる価値観を強烈に体現している街と言えます。

当初、山万がこうした街づくりを行なっていることを、多くのデベロッパーは批判的に見ていました。あるいは「変わったことをやる会社」「余裕のある会社」程度にしか評価していなかったようです。

「変わった」だとか、「余裕」ではないのです。街の在《あ》り方を考え、持続させていくことの効用価値を追求していくその姿勢こそがこれからの街づくりであることに未《いま》だに多くのデベロッパーは考えがおよんでいないのです。

凝固した不動産所有権を溶かす

日本の不動産は世界でも稀に見る強固な私権を持つと言われます。世界を見回しても日本ほど不動産の所有権がしっかり守られている国は珍しいのです。

空家等対策特別措置法が画期的であったのは、管理不全空き家、特定空き家などに認定されるとはじめて行政が不動産所有者に対して勧告、命令、行政による代執行などの強権を発動できるようになったことです。

この法律ができる前は、どんなに近所から役所に苦情が来ようが、実際にゴミ屋敷化して環境保全に支障が生じていようが、役所の人が所有者を特定して敷地内に立ち入ることすらできなかったのです。

こうしたことは不動産所有者にとって財産としての不動産が、外部から強力に守られていることを意味したのです。ところが、相続などで代替わりが起こり、時代が変わり、生活スタイルが変わり、価値観が変わるとこの強固な所有権が邪魔になってきたのが現代です。誰も関心を示さなくなった家でも、私権が強いがゆえに誰も手出しができず、放置される。そのことがやがて大きな社会問題につながる。マンションにおいても見た目には空き住戸であることがわからなくても、その増加はマンションという共同住宅のコミュニティを確実に破壊する事態になることはこれまでの日本人の不動産全般に対して持っていた価値観を大きく揺るがすものとなっています。

また相続などによる所有権の分散化は、やがて所有者不明土地問題となり、新しい道路開発による土地の買収や災害対策工事の実施において大きな壁となって立ちはだかりました。

いっぽう強固な不動産所有権に目をつけたのが外国人でした。とりわけ中国人から見れば日本の不動産はすばらしい財産に映りました。本国では土地の所有を認められておらず、いつでも国に召《め》し上げられる可能性がある彼らは、自身の資産ポートフォリオの一環として日本の不動産を買い求めたのです。

東京湾岸のタワマンのなかには所有者の多くを中国人が占め、マンション内での管理ルールを巡って日本人オーナーとのいざこざが絶えなくなったところまで登場し、話題となっています。

マンションならまだしも、これまでは水源地、原子力発電所、軍事基地周辺の土地でも外国人が自由に取得することができました。最近では、島、神社寺院を買う動きまで顕在化してきました。さすがに国も２０２１年６月に「重要土地等調査法」を定め、防衛関係施設等の重要施設、国境離島等の機能を阻害する土地利用に関しては注視地域、特別注視地域等を定め、土地所有者の調査、売買等にあたっての事前の届け出制度などを整備しましたが、正直まだ十分な対策になっているとは言えません。

いっぽうで日本を訪れる観光客の増加は思わぬ副産物をもたらしています。私の知人で、愛知県奥三河《おくみかわ》で工務店を経営されている方がいます。彼は空き家化した古民家《こみんか》の修復事業を手がけているのですが、とある日、現地にオーストラリア人が訪ねてきたそうです。用件は、古民家を買いたいと言うのでいくらで買いたいのか聞いたところ何と６０００万円！を提示され、目を丸くしたそうです。さらに別のオーストラリア人も訪ねてきて同じ地域の古民家をほぼ同額で買いつけたと言いますから、空き家も実は外国人には魅力的な資産に映っているのでしょう。ただし、彼らが好んで買うのは古民家のような希少な家だけです。空き家問題を解決できるようなものではもちろんありませんが、自由に家を手に入れられるのは日本の不動産の大いなる魅力となっていることは間違いありません。

私は日本の不動産における私権に対して、もうすこし制限をかけてもよいのではないかと考えています。本書でも紹介した相続土地国庫帰属制度は、相続して使い道のない土地については、国に一定の管理料を支払ったうえで帰属させることができるようになりました。また、相続した土地建物については登記することが義務化されました。これは不動産を所有する際に登記を義務化することで所有者を明らかにし、いらなくなった不動産については国が引き受けるようになった画期的な制度です。

しかし、相続土地国庫帰属制度には国庫に帰属させるにあたって、厳しい要件が並びますし、相続登記についてもすべての相続土地についていくら罰則をつけたところで、登記が完了するまでには膨大な時間を要することは明らかです。

こうした問題を解決するには、やはり土地は最終的には国が所有することにしたほうがあらゆる課題に応《こた》えることができると思います。土地の国有化です。

土地は国が所有し、国民、事業者は国から土地を賃借します。期間はたとえば数十年程度。基本的には賃借者は土地を自由に使うことができますが、利用価値がなくなれば解体・更地化して国に返納します。外国人の賃借は期間を短く区切って、長期間の賃借に制限をかけてもよいかもしれません。

土地の売買対象は所有権ではなく、賃借権です。土地の評価は国が定めれば、地価の変動について国がある程度コントロールができるようになります。

これまで支払っていた固定資産税、都市計画税などは、統合して賃借料にします。期限到来時に、賃借人は今後も土地を利用し続けたい場合はたとえば10年単位で更新ができるなどとすれば、相続などで使い道がなくなった土地は国に簡単に返納できます。相続においては賃借権の相続を認めますが、相続税ではなく、たとえば名義書換《めいぎかきかえ》料《りょう》として一律の金額を徴収してもよいかもしれません。このようにすれば相続税対策も必要がなくなります。

土地の返納を受けた国は、市街化調整区域のようなところでは今後の住宅建設はいっさい認めず、管理保全が必要な社会インフラを円滑に再整備できます。また時代に応じた都市計画を柔軟に定めて、コンパクトシティ化や道路、鉄道の整備、防災工事などを計画的に進めることができるようになるはずです。当然外国からの怪《あや》しげな投資マネーの流入についても最終的に土地所有権が国に帰属している限り、強制的に権利を取り上げることも容易になるはずです。

空き家についても定期的に国に現状の賃借状況について賃借人に対して報告義務を課せば、国は利用実態を把握し、もう利用予定のない不動産については積極的に返納を求めていけます。

所有権を急に国が握ることに違和感があるとするならば、国王が土地所有権を持つイギリスのように、国の象徴である天皇陛下の名義にするのも便法かもしれません。

いずれにしても空き家や空き地が放置されていくことの大きな要因の1つが、凝《こ》り固まった不動産所有権にあります。国有化は暴論に聞こえるかもしれませんが、共産主義国であるとないとにかかわらず、実は世界の多くの国では、土地は国のものなのです。国民は国の土地を使わせてもらっていることを前提としたこの強固な所有権を溶かしていく仕組みづくりが今こそ求められているのです。

住宅量産政策からの転換

東京都区部の新築マンションの平均価格が1億円を超え話題になりました。ただ、それらを購入する人のプロフィールを見れば、国内外の投資家や相続税を節税したい高齢富裕層が買っていることがわかります。マンションは投資商品にその姿を変えているのです。一般庶民が手出しをしてはいけません。

実需として家を探す人たちは中古マーケットに流れています。そのため中古価格はマンション、戸建て住宅共に上昇基調にあります。こうした事象だけを見て、住宅が買えないのだから新築住宅をもっと増やせという意見を述べる専門家がいますが、時代認識が欠けているとしか思えません。現在のマンションマーケットはこれまでとはまったく異なる顧客、つまり国内外の投資家や節税に励む高齢富裕層で成り立っています。現在の建設費の高騰は、郊外に新築マンションを分譲しても原価が高くなりすぎて一般庶民の手が届く価格にはなりません。だから業者は供給しないのです。大手デベロッパーはもはや一般庶民を相手に仕事をせずに、高額でもついてくる顧客層のみを相手にビジネスを行なっています。したがって実需としての住宅を考える時はマーケットを投資用と実需用の2つに分けて考える必要があるのはこれまで述べてきた通りです。

実需にもとづいたマーケットを考えると、首都圏などの大都市圏で増え続ける空き家数を見るまでもなく、需給バランスは完全に均衡していきます。ほぼ間違いなく発生する大量相続は空き家の激増をもたらすだけでなく、割安の中古住宅が大量にマーケットに出てくるからです。

住宅はもはや金融商品というおもちゃ、富裕層の見栄張りや贅沢品としての価値は別として十分に在庫はあるのです。ただまだ都心居住にこだわる、会社への毎日の通勤にこだわる生活スタイルが邪魔をして、家を持つというステレオタイプな価値観にも支配されて家を追い求めている人が多いというだけです。

投資商品としての不動産は常に新しい魅力を備えて新商品が供給され続けていくでしょうが、こと実需に目を向ければ、もうあと5年ほどで本書でも繰り返し述べてきたように、家は何も一生分の給与債権を担保にして手に入れるような代物ではなくなるはずです。

つまり住宅政策は「量の確保」という命題をとっくに失っていますし、こうした看板を掲げるべきではないのです。なぜか国は住宅困窮者がまだたくさん世の中に存在していると勘違いしています。住宅ローン利息分の税額控除、超長期間にわたる融資、金利の優遇、両親からの贈与など、あらゆる住宅購入のための支援を未だに行なっています。いっぽうで東京都内であっても90万戸にもおよぶ空き家が存在することに対して、国は正面から向き合っていないように映ります。

住宅着工戸数は２０２３年度で80万戸以上もあります。野村総合研究所の予測では２０４０年度には58万戸に漸減しますが、今後の日本の人口減少、高齢化、そして相続の大量発生を見据えると、すでに住宅の量的拡大という使命は終焉しています。

そうした意味からも、日本の住宅政策は都市計画の大幅な見直しによる居住地域の限定と新築住宅における各種優遇措置の縮小、撤廃を行なうという政策の大転換が必要な時期に突入したと言えます。

いっぽうで既存住宅についてはリフォームや建て替えに関しての支援策を充実させることが大切になります。今後、確実に日本を襲うであろう大地震や年々被害が拡大するゲリラ豪雨や強力な台風。こうした激甚《げきじん》災害に耐えうる国土の形成には個々の住宅の強靭《きょうじん》化が必須となります。

量の確保から、防災を含めた住宅性能の強化、そして集住化にともなう街機能の整備。こうした観点での支援策を策定していくことが求められているのです。

街プラウドの醸成が空き家をなくす

空き家問題の根底にあるのは、家に対する愛着の終焉あるいは欠如です。家にはそれぞれに歴史があります。先祖代々が受け継いできた家もあるでしょう。大都市郊外に親が必死の思いで手に入れたマイホームもあるでしょう。本来は家族を育て生活を共にしてきた価値のある家だったはずです。

ところが今、多くの家で住む人がなく、放棄された状態にあります。理由はさまざまです。役割を終えた家は老朽化し、敷地内には雑草が生《お》い茂《しげ》り、動物たちが我《わ》が物《もの》顔《がお》で出入りしています。

空き家問題ではこうした老朽化した、役割を終えた家に焦点を当てて、問題の解決を試みてきました。その背景には時代の変化、生活価値観の変化、家族形態の変化などがあり、現代のモノサシではどうにも解決が難しくなってしまった家について、国や自治体はどちらかと言えば、最終的には解体・撤去という「排除」の論理を強めてきました。

しかし振り返って考えてみるに、家の放棄の背景にあるのは、時代のモノサシという以前に街、地域の放棄があるように思えます。以前は多くの人が集《つど》い、コミュニティを形成してきた街。そんな街や地域から人が出ていくには理由があります。働き場所がない、街に留《とど》まるだけの魅力がない、もっと魅力的な街に行きたい。人々はこう言ったセリフを残して街を離れ、再び戻ることはなくなったのです。

廃《すた》れた街を訪れるとよく耳にするのが「昔はよかった」「もっと賑わいがあった」などといった昔を懐かしむ言葉の数々です。盆や暮れなどにふるさとに戻ってくる人たちが集まってもその多くは昔話です。昔話を語り合い、懐かしがるぶんには幸せな時間を過ごすことは可能ですが、そのこと自体は街や地域の問題を何ら解決することにはつながりません。

街や地域に対する想いは本来、世代を通じて積み上げ、昇華させていくものであるはずです。ところが現代においては、その想いは継承されず、昔話、思い出のなかに留まるのみになっています。これでは街や地域の発展は望みようがありません。

私は今後の空き家対策は、空き家の排除だけを目的にするものではなく、街やエリア全体で空き家、空き地を見守り、管理していく体制の構築が必要だと考えています。空き家を邪魔者として嫌悪するのではなく、管理していくという発想です。

アメリカでは、空き家や空き地で草木が生い茂った状態になると、地域住民で敷地内に入り、草を刈ったり掃除をしたりします。私権よりもコミュニティが重視されるからです。ミシガン州デトロイト市では、自動車産業の衰退以降、街には空き家が増え、治安が悪化。このことがさらなる人の流出を触発し、街が荒廃しました。空き家は次々に撤去されましたが、空き地自体が犯罪の舞台にもなり社会問題となりました。

しかし今では、市が中心となって住宅エリアを集中化、空き地となった土地はオープンスペースとして農園やグリーンパークに整備し、成果を上げています。

人々が自分たちの住む街や地域を愛することは、街や地域全体に目を向けることです。そうした意味では、日本は不動産の私権がコミュニティよりも上位にあり、人の家には足を踏み入れない、干渉しないことが是とされます。こうした発想だけでは街全体での空き家、空き地に対する取り組みにつながらないと思われます。

たとえば日本には町内会というすばらしい地域内共同体があります。どちらかと言えば町内会は防犯、防災や祭礼に重点が置かれた活動が中心となってきましたが、空き家についてはただその存在を糾弾するのではなく、その解決法を街、地域全体からの観点で、町内会で考えていく機能を持つことができないでしょうか。空き家所有者の多くは、実は好き勝手に放置しているのではなく、何らかの問題を抱えて困っている場合が多いと言います。街、地域の問題をそこに住む人たちが共に考え解決していくことはコミュニティの醸成にかなり貢献するはずです。自治体からは専門家を派遣するなどの支援体制を整えることで一定の成果を期待できるはずです。

日本人はこれまで家をはじめとした不動産を建物の立派さ、建物価値で判断してきたのではないでしょうか。立派な邸宅、現代で言えばタワマンはその最たる例です。

すばらしい建物であればそこに価値があり、プラウド（誇り）があると。

しかし、建物は経年劣化します。戦後まもなくに供給された日本住宅公団の団地は当時、エリートサラリーマンの憧れでした。50年後、60年後の今の姿に憧れる人は少ないです。そうです。建物プラウドには持続可能性がないのです。

いっぽう土地は永遠です。そしてその土地の連関である街、地域に対するプラウドには持続可能性があります。本書でも紹介した湘南は「海」という強烈なコンテンツを掲げ、ここに住民は集結します。学校を卒業して東京に出た子供が家族を得て再び湘南の地に戻ってきます。これこそが街プラウドです。

子育てを標榜して人気が高い千葉県流山《ながれやま》市、文人や芸術家が集う埼玉県さいたま市の浦和《うらわ》、江戸時代の商家が軒《のき》を連ねる埼玉県川越《かわごえ》市。それぞれが街の持つコンテンツを住民が愛し、昇華させていくことが、街の持続可能性を維持、向上させているのです。

目の前の空き家の存在に解体だ！　撤去だ！　と目くじらを立てる前に、住民全体で問題の解決にあたる街プラウドの存在が、実は空き家問題解決の根底にあるのです。

おわりに——友人からの相談

先日、私の古くからの友人からメールが来ました。久々に仲間同士で会って食事でもしないか、というお誘いかな、と思って読むと、彼の娘さんについての相談でした。

相談は次のような内容でした。

「娘は結婚したばかりで、現在は賃貸マンション暮らし。夫婦共働きで、ある新築マンションを買いたいと言っている。賃貸では毎月の賃料が払い出されるだけでもったいないから、というのが理由。自分としても、娘のマンション購入については親として援助してあげたい。でも購入しようとしているマンションがかなり高額であることが気にかかる。世間ではマンションはどんどん値上がりしていると言われているから今のうちに買っておくべきか、どうなのか。そこで君の顔が思い浮かんだ」

そこで物件資料を送ってもらい、相談に乗ることにしました。

立地は東京の練馬区。駅からは比較的近い新築物件です。すこし売れ残っているのか、すでに竣工済みです。専有面積は55㎡（16・6坪）、2LDK。価格は彼が思うほど高くはなく、相場よりやや低めくらいです。最近のマンションは私たちが家を購入した時よりはるかに高いので、彼がびっくりするのもわかりますが、時代が違うのです。

最初に気づくのが、階数を稼ぐために1階部分は半地下。エントランスも道路から階段を数段降りてアプローチします。これは住宅地で高さ制限のあるところではデベロッパーがよく使う手法です。これによって通常では3階までしか建設できないマンションを4階建てにできます。戸数をたくさん造る、量の確保です。

内外装については建設費が高くなっている昨今、プロの目から見ると粗《あら》が目立ちます。正面の壁面タイル張りは見た目ではきれいなデザインですが厚みのない、薄っぺらなもの。木を利用したルーバー（光や人の視線などを遮《さえぎ》るために細長い羽板《はいた》を並べたもの）も、将来的なメンテナンスが気になります。住戸内の設備仕様はコストを抑えるために明らかにグレードを下げた内容。これなら数年前分譲のもののほうが仕様の良いものが多いです。

マンション共用部は狭く、極力専有率（建物全体に占める販売住戸面積の割合）を高めて事業者の収益を確保しています。

ここまでは普通の見立てです。さらにマンションが建つエリアの人口の状況と人の出入りをチェックしてみました。一口《ひとくち》に練馬区と言っても面積は広く、場所による人気不人気があります。当該エリアは必ずしも不人気の場所ではありません。ところがデータを読み解くと、現在かなりの高齢者が在住していることがわかりました。特に、このエリアは単身高齢者が多く住んでいます。

戸建て住宅が多く、瀟洒《しょうしゃ》な街並みを形成している街ですが、個々の家にはおそらく配偶者を亡くした高齢者が多く暮らしていることが想像されます。

このデータをもとに今後の相続件数を予測しました。かなりの数です。私の知人自身、練馬区内に家があり、そういった意味では区内には詳しく、また娘さんが同じ区内に在住してくれるのはけっして悪い選択ではありません。ですが、娘さんがこれから暮らしていくなかで、遠くない将来に、周辺ではかなりの数の相続が発生することが予想されます。

娘さんは、面積は小さい物件であるものの、5、6年は住める。そのうち子供が生まれるだろうから、その頃にはマンションを売却してもうすこし広いマンションに買い替えるというプランを思い描いていました。買ってそのまま永住するのならあまり考えなくともよいですが、買い替えが前提となれば、5年先以降のことを考えに入れる必要があります。

さて現在から5、6年後の2030年頃の練馬区の姿はどうなっているでしょうか。おそらくだいぶ相続が発生し始めているはずです。現在の空き家率は約9・5%、東京都のなかでは低いエリアです。練馬区は高度経済成長期以降、東京に勤務するサラリーマンがこぞって住んだエリアです。その人たちの多くが現在はリタイアし、夫婦2人または単独世帯になっています。単身高齢者が今後続々と相続を迎えるこれからは区内の空き家数が激増します。その時、相続人の多くは戸建て住宅やマンションを売却、賃貸に拠出することになります。また区内の空き家数も増加して、相当数にのぼんでいることでしょう。

その時点で、今買ったマンションを売却して、ある程度の売却益も確保したうえでさらに広い物件に住み替えができるかどうか、という話となります。

私は基本的に家を買いたいと相談に来られる方に「買うべきではない」などというアドバイスはしません。なぜなら家は「買いたい時が買い時」であるからです。ただ無理なファイナンス計画や、みんなが買うから、あるいは値上がりして儲かるかもしれないからと考えて買おうとしている人についてはかなり細かなアドバイスをします。

したがって友人には「娘さんがどうしても買いたいというのなら背中を押してください」と念押ししたうえで、ここに記したいくつかのポイントを解説しました。

結果は「買わない」になりました。不動産業を営む手前、何だか売り手の商売の邪魔をしてしまったような罪悪感が頭をもたげたものの、彼曰く、

「娘はよくよく納得して自分で決断して購入を見送った。もともと自己資金もあまりなく、かなり無理した資金計画だったようだ。自分もそばに娘が来ることは嬉しいけれど、不動産は中長期で判断するもの。アドバイスはとてもためになった。ありがとう」

私の今回のアドバイスが正解だったかどうかはわかりません。でも東京都区部であってさえ、これからは空き家が激増する未来があることを知ってもらえたうえでの判断であるならば、少なくとも何かのお役に立てた気がしています。

本書の最後にも触れましたが、空き家はこれからさらに増え、私たちの暮らす街、地域で避けて通れない問題となります。ただ、空き家を街の厄介者として排除するのではなく、みんなが見守り、一緒に利用策を考えるコミュニティの醸成につなげていくことはとても大切な考えだと思います。

みんなの知恵を集めることで、厄介者に見えていた空き家が、地域の宝に化ける可能性もあるのですから。

図表作成　篠　宏行
本文デザイン　盛川和洋
本文ＤＴＰ　キャップス

切りとり線

★読者のみなさまにお願い

この本をお読みになって、どんな感想をお持ちでしょうか。祥伝社のホームページから書評をお送りいただけたら、ありがたく存じます。今後の企画の参考にさせていただきます。また、次ページの原稿用紙を切り取り、左記まで郵送していただいても結構です。

お寄せいただいた書評は、ご了解のうえ新聞・雑誌などを通じて紹介させていただくこともあります。採用の場合は、特製図書カードを差しあげます。

なお、ご記入いただいたお名前、ご住所、ご連絡先等は、書評紹介の事前了解、謝礼のお届け以外の目的で利用することはありません。また、それらの情報を6カ月を越えて保管することもありません。

〒101-8701（お手紙は郵便番号だけで届きます）
祥伝社　新書編集部
電話03（3265）2310
祥伝社ブックレビュー　www.shodensha.co.jp/bookreview

★本書の購買動機（媒体名、あるいは○をつけてください）

＿＿＿＿新聞の広告を見て	＿＿＿＿誌の広告を見て	＿＿＿＿の書評を見て	＿＿＿＿の Web を見て	書店で見かけて	知人のすすめで

★100字書評……新・空き家問題

名前

住所

年齢

職業

牧野知弘　まきの・ともひろ

東京大学経済学部卒業。ボストンコンサルティンググループなどを経て、三井不動産に勤務。その後、J-REIT（不動産投資信託）執行役員、運用会社代表取締役を経て独立。現在は、オラガ総研代表取締役としてホテルなどの不動産事業プロデュースを展開している。著書に『不動産の未来――マイホーム大転換時代に備えよ』（朝日新書）、『負動産地獄――その相続は重荷です』（文春新書）、『家が買えない――高額化する住まい 商品化する暮らし』（ハヤカワ新書）、『2030年の東京』（河合雅司氏との共著）『空き家問題』『なぜマンションは高騰しているのか』（いずれも祥伝社新書）など。

新《しん》・空《あ》き家《や》問題《もんだい》
――2030年《ねん》に向《む》けての大変化《だいへんか》

牧野知弘《まきのともひろ》

2025年2月10日　初版第1刷発行
2025年3月30日　　　第2刷発行

発行者……………辻 浩明
発行所……………祥伝社しょうでんしゃ
〒101-8701　東京都千代田区神田神保町3-3
電話　03(3265)2081(販売)
電話　03(3265)2310(編集)
電話　03(3265)3622(製作)
ホームページ　www.shodensha.co.jp

装丁者……………盛川和洋
印刷所……………萩原印刷
製本所……………ナショナル製本

Printed in Japan　ISBN978-4-396-11708-5　C0233

〈祥伝社新書〉
令和の日本社会

683
闇バイト 凶悪化する若者のリアル
犯罪社会学の専門家が当事者を取材。身近に潜む脅威を明らかにする
犯罪社会学者 廣末 登

622
老後レス社会 死ぬまで働かないと生活できない時代
「一億総活躍」の過酷な現実と悲惨な未来を描出する
朝日新聞特別取材班

676
どうする財源 貨幣論で読み解く税と財政の仕組み
「日本は財政破綻しませんし、増税の必要もありません。なぜなら――」
評論家 中野剛志

666
スタグフレーション 生活を直撃する経済危機
賃金が上がらず、物価だけが上昇するなか、いかにして生活を守るか
経済評論家 加谷珪一

652
2030年の東京
『未来の年表』著者と『空き家問題』著者が徹底対談。近未来を可視化する
作家、ジャーナリスト 河合雅司
不動産事業プロデューサー 牧野知弘

〈祥伝社新書〉
経済と経営

〈祥伝社新書〉
不動産から日本経済を読み解く

439
インバウンドの衝撃
外国人観光客が支える日本経済
ホテルを満室にし、土産物店をカラにし、不動産を買い漁る彼らの実態とは？
不動産事業プロデューサー 牧野知弘

477
民泊ビジネス
インバウンド激増によりブームとなった民泊は、日本経済の救世主か？
牧野知弘

611
不動産激変
コロナが変えた日本社会
オフィスビル、商業ビル、タワーマンション……不動産の姿は一変する！
牧野知弘

639
ここまで変わる！家の買い方 街の選び方
過去の常識はもはや通用しない。新たな家の買い方と街の選び方を伝える
牧野知弘

695
なぜマンションは高騰しているのか
誰が買っているのか？ 背景には何があるのか？ 第一人者が読み解く
牧野知弘